CHRONOS

Carla Fernández Torrejón

Mil y un demonios

europa
ediciones

© 2025 **Europa Ediciones** | Madrid

www.grupoeditorialeuropa.es

ISBN 9791256960279

I edición: enero del 2025

Curador: Rode Classen

Distribuidor para las librerías: **CAL Málaga S.L.**

Impreso para Italia por *Rotomail Italia S.p.A. - Vignate (MI)*

Stampato in Italia presso *Rotomail Italia S.p.A. - Vignate (MI)*

Mil y un demonios

A todas las personas que, a lo largo de mi vida, han confiado en mí, me han ayudado y me han dado todo su amor y apoyo. Gracias a ellos estoy viva y eternamente agradecida. Siempre os querré.

A mi editora Rode Classen, por ayudarme a contar mi historia y apostar por mí; a Javi López, un ser de luz; a Agnes, por darme todo el amor del mundo; a los socios del Club de la Forja, que siempre me llevaron por el buen camino y a mi abuelo, Pedro, por todo.

Vive hoy por el bien del mañana, y nunca te olvides de sonreír.

"Nankurunaisa". Proverbio popular del antiguo Japón.

Índice

Capítulo 1 13

Expiatorio 13

Capítulo 2 27

¿Quién soy? 27

Capítulo 3 43

El tsunami 43

Capítulo 4 65

Creencias 65

Capítulo 5 83

La mochila 83

Capítulo 6 101

Despertar 101

Capítulo 7 119

Fragilidad 119

Capítulo 8 141

Buscar amor 141

Capítulo 9 159

La calle 159

Capítulo 10 183

La Casa 183

Capítulo 11 201

Búsqueda 201

Capítulo 12 215

Mirar hacia adelante 215

Capítulo 1

Expiatorio

Casi todo lo que sé sobre mis primeros años es que fui una niña muy querida. Mis padres, mis abuelos maternos y mi caniche solo tenían afecto para mí.

Me dicen que lo primero que aprendí fue a andar y a correr, sobretodo a saltar de la cuna para ir a dormir con mis padres cuando tenía miedo a la oscuridad y a estar sola.

Cuentan que tardé más en empezar a hablar. Tenía casi dos años y podía caminar por toda la casa, pero apenas era capaz de esbozar unos sonidos. Sin embargo, el día que di el paso y logré hilar las palabras con mi voz, me convertí en un torrente de expresión, tenía el impulso incontrolable de ser comprendida.

Mi familia me ha transmitido las memorias de esos años con imágenes llenas de afecto y de calma, sin embargo, el primer recuerdo propio que tengo de la niñez es mucho más gris que esas postales.

Era el primer día de la escuela. Era bastante pequeña y mis padres habían decidido enviarme para que mi madre pudiera volver a trabajar sin complicaciones. Estaba jugando con otros niños, y de repente, la tranquilidad que sentía me fue arrebatada cuando uno de los niños saltó por sobre la mesa y me rajó un ojo con las uñas. No recuerdo si lloré o si grité, ni quién me llevó al médico.

La pediatra pensó que era una buena idea taparlo con un parche. Al día siguiente volví con un solo ojo a la vista a clases. En el colegio de monjas no hicieron nada, hasta que, días más tarde, el niño acabó arañando el ojo a una profesora y fue expulsado. Aprendí rápidamente que hay víctimas que valen más que otras.

Repasaba en mi mente qué era lo que había desatado la ira del niño, si había sido mi comportamiento o mis palabras durante el juego. Trataba de encontrarle un sentido lógico al ataque pero, por más que me esforzaba, no lo hallaba. Nadie me había dicho que quizás no era mi culpa. Quizás nadie imaginó que este sería el primer recuerdo de mi vida y el que, inconscientemente, moldearía mis días.

Mis padres se llaman Luz del Mar y Pelayo. Cuando nací yo estaban juntos desde hacía casi 10 años. Durante los primeros años de casados viajaron por todo el mundo, estuvieron en destinos como Egipto, Tailandia y el Caribe. Hacía tiempo querían tener un bebé —mi padre quería una niña, en particular—. El primer intento había tenido un trágico desenlace y había agrietado su relación. Era el año 1996 y mi madre estaba embarazada de seis meses cuando mi madre tuvo un aborto espontáneo. Desde que conocí esa historia entendí que, en ese momento, entre lágrimas, mi madre había empezado a germinar un rencor hacia mi padre.

—Cuando tuve el aborto me dejó sola en la cocina y se fue al bar a beber con su padre —me decía.

Para intentar reparar el ambiente tenso y la tristeza de mi madre, decidieron coger un perro caniche. Así apareció Giovanni en la casa y se convirtió en una gran compañía para mi madre y, más tarde, también para mí.

Dos años después nací yo, en octubre de 1998. Pude haber sido María Luz y pude haber tenido como fecha de cumpleaños el 13 de octubre, pero por la intervención de algunas personas me convertí en Carla, nacida el día 14. Me explico: nací un martes 13, pero como la médica era supersticiosa hizo algunos movimientos para que yo fuera anotada el 14. Respecto a mi nombre, había una tradición en mi familia por la que las mujeres se llamaban Luz del Mar o María Luz; no había más opciones. Por orden, a mí me tocaba María Rosa, pero mi abuelo dijo que esa tradición lo tenía hasta las narices y rompieron con ella.

Mi madre es de Mieres, donde yo nací y crecí, y mi padre era del pueblo de al lado. Se habían conocido en el instituto donde mi madre daba clases. Mi padre tenía 20 años, seis años menos que mi madre, y estudiaba allí. Había vuelto a hacer el bachillerato luego de haber pasado dos años en la mili.

Las familias de mi madre y de mi padre eran muy distintas. Mi madre había crecido en un contexto acomodado, en una familia adinerada. Mi padre, en cambio, era el mayor de tres hermanos en una familia de bajos recursos. Él vivió los primeros seis años de su vida en Francia donde sus padres se habían asentado en busca de una mejor situación económica.

La rivalidad entre ambas familias nació pronto. Cuando mis padres decidieron casarse, mis abuelos paternos no aportaron nada, ni dinero, ni esfuerzo. Todo lo hizo la familia de mi madre.

El día de la boda, mi abuela materna le dijo a mis abuelos paternos:

—Vaya paquete nos estáis dejando.

Esa fue la última vez que se vieron y se hablaron, por eso prácticamente no conocí a mis abuelos paternos.

Quienes siempre estaban presente en mi vida eran mis abuelos maternos.

Cuando nací ellos ya tenían 60 años. Mi bisabuela vivía en una casita en el monte, pero como ya era mayor, mi abuela había decidido traerla a vivir con ella para cuidarla. Mi bisabuela ya casi no podía hablar, pero recuerdo disfrutar su compañía silenciosa. Vivió hasta que yo tenía 8 o 9 años.

La casa era pequeña, pero tenía su encanto. Tenían una huerta y un perro que se llamaba Morín. Cuando iba a visitarlos me gustaba dar paseos con mi abuelo por el monte con mi abuelo e ir a buscar moras y castañas.

En los últimos años de vida de mi bisabuela, mi abuela decidió volver a su casa y bajaron a mi bisabuela con ellos. En ese tiempo empecé a pasar más tiempo en su casa. En primaria, como tenía turno partido, mis abuelos me buscaban, me daban de comer y me llevaban al parque hasta que entraba de vuelta al cole. Mi abuela cocinaba para nosotros, siempre le mandaba comida hecha a mis padres porque sabía que estaban muy dedicados al trabajo.

En esos días en su casa, comencé a notar que mi abuela le pegaba a mi bisabuela. Me parecía raro pegarle a alguien que no se podía mover, pero mi abuela decía que a ella le daban palizas de pequeña y que así era la familia.

Yo no hacía muchas preguntas ni pedía nada. Empecé la carrera musical con 4 o 5 años. Dedicaba muchísimas horas enfrente de un piano cuando salía de la escuela.

Lo que más deseaba durante mi infancia hacer feliz a mis padres.

Observé que a mi padre le gustaba el fútbol, ya se iba al bar debajo de casa a ver al Barça e interactuaba con los niños del barrio cuando los encontraba jugando con el balón. Intenté acercarme al fútbol para ver si así podíamos pasar tiempo juntos, pero la mayoría de las veces lo encontraba durmiendo o muy cansado, ya que trabajaba como empleado de seguridad. La actividad que hacíamos en familia era ver películas, eso me encantaba. Desde pequeña era mi padre quien me daba de comer y me vestía para ir a la escuela.

Mi madre trabajaba en un instituto dando bachillerato nocturno a alumnos. Era filóloga inglesa, catedrática, superaba en conocimientos y estudios a mi padre. Ella lo sabía y muchas veces le reclamaba a mi padre que no hubiera estudiado.

Yo la admiraba: siempre se encargaba de todo, de la ropa, los viajes, la casa. Tenía estilo, era guapa, rubia de pelo teñido, delgada, de metro sesenta y cinco y morena de piel, ya que tomaba el sol siempre que podía. Además, era muy lista, culta y amable. Se llevaba bien con sus alumnos y ex alumnos, quienes me regalaban cosas y me hacían postales navideñas y de cumpleaños. Alguna vez la tuve que acompañar a algún examen de recuperación que hacía fuera de horario. Veía que quería mucho a sus alumnos y siempre intentaba ayudarlos. Se pasaba horas en la cama corrigiendo exámenes e intentando subir nota. Cuando yo le preguntaba por qué se esforzaba tanto y los aprobaba me decía:

—Porque los chicos que intentan sacar el bachillerato nocturno están trabajando para ayudar a sus padres y hermanos, tienen muchos problemas y alguien tiene que animarlos.

Luego, añadía:

—Tú no vas a tener esos problemas, nunca te vas a poner a trabajar de camarera.

Teníamos un buen pasar, y yo disfrutaba de muchos juguetes y viajes, pero todo lo que tenía que ser bonito se teñía de una sombra negativa por las palabras de mis padres. Ellos me decían que no contara nada a las profesoras y a los niños sobre los lugares que visitábamos y que no dijera que teníamos casa en Gijón. Yo no sabía mentir u ocultar cosas, así que solo aprendí a aislarme. Fue así que empecé a encontrarme sola en el colegio, a sentir que no encajaba.

Se me daba mal hablar y leer en voz alta, por lo que me mandaron a clases de vocalización. Me molestaba vestirme todos los días igual, con el mismo uniforme y con tantas capas. Siempre peleaba con mi padre porque no quería ponerme las medias ni madrugar.

Algo no iba bien: me faltaba el apetito y no tenía ganas de nada. Como daba problemas comiendo, porque tardaba, la comida se me hacía bola en la mejilla. A mi madre no le gustaba y me mandaba a terminar mi plato encerrada en el baño, a oscuras, sola.

Como no acrecentaban mis ganas de comer o de salir, empecé a tomar *dynamogen*, un estimulante del apetito, una hora antes de las comidas. No había manera, a mi madre le repugnaba verme comer y le incomodaba tanto que le quitaban las ganas. Me estaba portando mal al no comer rápido y mi madre sufría. Mi padre me ayudaba a comer para que no hubiera problemas en casa.

Me encantaban los deberes, las tareas de vacaciones, y las que me ponía mi madre de caligrafía todos los días. Repetía una y otra vez moralejas de Esopo, chistes de Gloria Fuertes e inventos históricos que me enseñaban. Siempre agradecí que mi madre me introdujera esa curiosidad y ganas de aprendizaje. Mi padre también colaboraba: me ponía divisiones que luego corregía.

Las vacaciones, los fines de semana y puentes los pasábamos en Gijón. Allí mi rutina cambiaba un poco: jugaba con las niñas del bar de debajo de casa y pasaba aún más tiempo con mis abuelos, que siempre estaban ahí. Mi abuelo tenía cierta admiración y un gran cariño. Yo lo percibía, y disfrutaba mucho el tiempo con él. Me encantaban sus moralejas, su gusto por la lectura y su energía para estar horas jugando sin parar mientras mi abuela veía tertulias, telenovelas o películas.

Él era quien me llevaba al parque mientras mi abuela me hacía la comida antes de volver a entrar en el cole, volvía a recogerme y me acostaba. Algunas mañanas también aparecía para llevarme al cole. Me creaba una inmensa felicidad verle y teníamos una conexión emocional recíproca.

Era increíble como un hombre que vino de Madrid para trabajar como perito de minas en las cuencas y había visto morir a tanta gente, tantos amigos y tantos compañeros, irradiaba tanta alegría. Compartíamos mundos inventados: al volver a casa, el corto tramo, nos imaginábamos una caída al vacío allí donde no había baldosas.

Mis padres y mi abuela eran muy protectores, y querían que yo siguiera todas las rutinas a rajatabla, por eso se enfadaban cuando yo no comía, a pesar de que no lo hacía intencionalmente. Me resultaba muy difícil comer o beber, salvo en las meriendas, cuando mi abuelo me cronometraba el tiempo que tardaba en tomar el zumo de naranja y me desafiaba a superar cada día la marca anterior. Eso me divertía y todo se volvía más fácil.

Mi abuela jugaba conmigo a que le hiciera peinados. Ella había tenido una peluquería una calle más abajo, conocía a toda la villa y siempre trataba de dar buena impresión. Me sorprendía ver como mi abuela era tan extrovertida y habladora: eso contrastaba con la templanza y el silencio de mi abuelo. Mi abuela tenía con carácter y resolución, lo que en Asturias se dice "remangu" o ser "echado pa alante" como diría ella. Manejaba a mi abuelo, le decía lo que tenía que hacer y lo que tenía que poner.

Los domingos íbamos toda la familia a misa en la iglesia de Los Padres Pasionistas de Mieres. Luego, a la una, nos movíamos al centro a dar una vuelta por la plaza y a comprar el euro diario de pepinillos y aceitunas.

Mi familia era católica, apostólica y romana, o eso decían. En medio de mi soledad, yo me abracé a la fe católica. Me ayudaba a no sentirme sola, y a tener esperanza: pensaba que tendría un significado seguir sus enseñanzas y principios. Me pasaba horas rezando, hasta las 3 o 4 de la madrugada. A veces tenían que quitarme el recitario y el rosario de las manos para que pudiera dormir. Recitar oraciones contando las bolas me relajaba y me entretenía, me daba un fin.

También tenía un fervor por aprender. Me leí varias veces la biblia de cabo a rabo, un par de veces la enciclopedia Larousse del círculo de lectores en el que mi madre estaba inscrita. Más tarde, esas noches en vela, se volvieron más alegres con los hermanos Grimm y Andersen. En mi casa había un gran disgusto por el hecho de que yo no durmiera y me dedicara a leer, pero a mí eso me permitía imaginarme mi propio mundo.

Apenas sabía nada de la familia de mi padre. De vez en cuando venía alguien de parte de su familia a casa, que yo no había visto nunca y me traía un regalo. Cuando cumplí los 7 años, en mi celebración en el Mike's, de repente apareció un hombre calvo, grande, con una chica rubia y portando el hombre un oso de metro veinte, mientras preguntaba por la cumpleañera muy emocionado. Me quedé de piedra cuando dijo que era mi tío. A mí nunca me habían hablado de que tuviera tíos. Cuando mis padres los vieron discutieron con ellos, al parecer sí eran familia, pero no querían que estuvieran allí. Ese día me explicaron que tenía una familia paterna en el pueblo de al lado, pero que mis padres estaban peleados con ellos.

La incomodidad que sentía en la escuela de repente se convirtió en un infierno. Si llevaba un juguete a la escuela, mis compañeros me lo rompían. Era como si todo lo que me gustara o todo a lo que le tenía aprecio les molestara. Sufría insultos y palizas constantes. En la fila de la entrada al colegio me ponían la zancadilla. Me pegaban a la salida o en las actividades extraescolares, en las excursiones, en el parque, en el catecismo cuando se iba el profe.

Si me pillaban a solas en el baño seguro recibía una paliza, por lo que dejé de ir. Un día, para vomitar, lo hice en la caja de la comida. Me rompían la ropa, cuando no me la rompía yo misma escalando a lo alto de un árbol para que no pudieran pegarme o encontrarme. Cuando conseguían tirarme al suelo, empezaban las patadas y a tirarme de extremidades.

También me intentaban clavarme la mano en el pupitre con un boli. Cuando me robaban los materiales de clase, como los libros, las profesoras pensaban que eran excusas para no examinar.

Como me gustaba el fútbol, me llevaba mejor con los chicos. Con ellos podíamos pelearnos en el recreo, pero luego estábamos bien en clase. El problema venía cuando alguna niña les pedía que me pegaran; ahí venían por mí sin piedad.

Me hacían bromas en las que yo, inocente y confiada, caía, como hacerme cerrar los ojos con la excusa de darme una sorpresa y que me hicieran tocar escupitajos, o balonazos aleatorios que siempre coincidían donde yo estaba, en el mismo ojo, por lo que el ojo izquierdo me quedó vago.

Siempre acababa siendo a la que pegaran. Un día, jugando a polis y a cacos, mi compañero Gabriel se enfadó y empezó a arañarme. Un día también me ahogó: sacó una fuerza que no solía tener y me puso contra los percheros de la clase.

Cuando se dieron cuenta de que podían pegarme sin que yo respondiera, la cosa fue a más. Había dos niños, Pablo y Guille, que me tenían tirria. Estaban al acecho, no había día que no me llevara una paliza de ellos. Cada vez que iba al parque mis compañeros se escondían de mí como si fuera un monstruo; me llamaban gitana porque tenía el pelo negro y largo y la piel morena. Me decían que tenía pelos hasta el culo, porque tenía un ligero desarrollo precoz. Cuando no llevaba el uniforme se metían conmigo por "pija".

Mi abuelo y mi padre no me podían perder de vista ni un momento. Cuando estaba mi abuelo, los niños fingían y jugaban conmigo.

Un día fuimos al parque con mi madre y dos de mis tíos que habían venido a verme Ellos estaban sentados en un banco y en el parque no había otros niños porque había llovido recientemente. Me fui a jugar sola y en ese momento aparecieron dos niños que nunca había visto, me pusieron contra la pared del castillo, me abrieron las piernas y empezaron a darme patadas. Fue la primera vez que mi mente se escapó después de pedir ayuda, llorar y suplicar que pararan. Cuando se cansaron, se fueron y volví al banco donde estaba mi familia. Yo estaba llorando y sangrando, y mi madre sintió vergüenza de mí.

Se había corrido el rumor de que yo no me defendía y aparecían niños de otras clases, de otros años, más mayores y más pequeños que buscaban darme un puñetazo. En las excursiones tenía que estar mi abuelo por los alrededores vigilando y preparado para llevarme y tenerme a salvo.

La situación estaba deteriorando a mis padres, iban con miedo a recogerme, lloraban porque no podían hacer nada cuando no estaban y las profesoras tampoco hacían nada, decían que era cosa de niños, que yo sería la rara.

En la piscina me escondían la ropa, también me insultaban de otros colegios y me pegaban, se reían de mi inocencia porque me creía cualquier cosa que me dijeran. Un día me escondieron toda la ropa, volví a casa en bañador y nunca la recuperé. Después de mirar varias semanas en objetos perdidos solo encontré mis bragas.

En la academia de inglés me dijeron que mirara si volvía la profesora, al poner la mano en el marco de la puerta, empezaron a cerrarla. Aún recuerdo el dolor intenso: no podía sacar la mano y me estaban pillando los nudillos. Cuando volvió la profesora me dijo que no entendía cómo una clase que nunca había dado problemas había podido hacer eso.

Había un niño en el colegio que era muy guapo y siempre decía que era mi amigo. Nunca tuve problemas con él, pero yo pensaba que me estaba mintiendo y le pegaba por ello: no quería a otra persona que me hiciera confiar para luego reírse de mí. Él siempre aguantaba e insistía en que le creyese.

Me refugié cada vez más en mis libros. Cuando en el colegio se enteraron que leía enciclopedias y la biblia, fue otro motivo de mofa. Las profesoras pensaban que me inventaba palabras y me suspendían o me ponían negativos. Dejé de hacer los deberes de matemáticas por leer, me evadía tanto, que hacía que me castigaran para quedarme en el recreo sola leyendo.

Para esa época, cuando íbamos a Gijón era lo mismo. En el parque siempre acababan pegándome sin razón, no lo entendía, yo era incapaz de hacer daño.

En el parque de la villa los pequeños tiraban piedras a los patos. Una vez vimos que una pata que había sobrevivido se había escondido debajo de un tobogán para poner un huevo. Cuando los niños pudieron llegar hasta la pata, la sacaron y le hicieron de todo; solo quedaron plumas y el huevo que se les había olvidado. Yo decidí llevarme el huevo a casa para cuidarlo. No entendía el afán de hacer daño a seres vivos e inocentes que no molestaban.

Mis padres se recorrieron todos los parques de Mieres y Gijón para buscar un mejor ambiente para mí, pero nada funcionaba. El problema era yo: si no estaba sola, cada vez que venía alguien se dedicaba a pegarme. Alguna vez hacía migas con alguna chica, pero cuando nos volvíamos a encontrar pasaba de mí o se juntaba con otras.

Tuvieron que sacarme del comedor y volver a pedir ayuda a mis abuelos. Si de por sí no comía, estar amenazada no ayudaba.

Mis padres me intentaron cambiar de colegio, pero yo no quería tener que empezar de cero con otra gente, me daba miedo el cambio. Empezaron a decir que volvía contestona y desobediente cada vez que me dejaban con mis abuelos y que si me comportaba mal me enviarían a un internado. No entendía que hacía mal, así que me calle para no molestar. Sin embargo, me decían que no podían seguir cuidándome y estando todo el tiempo pendientes de mí y que lo que necesitaba era un internado.

Me echaban la culpa de no poder estar tranquilos o de no llevarse con los demás padres porque yo era problemática.

Empecé a tener depresión, ansiedad social e inseguridad con mi cuerpo. Como era más alta y morena, me veía fea. Mis padres decían que no me parecía a ellos y me hacían el chiste de que me habían encontrado en la basura. También se reían de mi credulidad: cuando querían estar a solas, mi padre me decía "vete allí a ver si estoy yo". Yo iba y volvía, y mi padre se reía porque había picado. Yo le decía que había ido porque me había mandado, que no quería obedecer y no quería problemas.

Como no era capaz a devolver los golpes, mi padre empezó a enseñarme artes marciales. Eso sí me gustó porque no me hacía falta pegar, solo usar la fuerza del contrincante para tirarle. Por mucho que mis padres se esforzaran en enseñarme que eso de poner la otra mejilla solo funciona en la biblia, yo mantenía mi inocencia y mi pasividad.

Capítulo 2

¿Quién soy?

La primera vez que me defendí fue en el parque. Un niño llamado Pablo vino a pegarme como siempre lo hacía y yo aproveché que mi padre me había enseñado a hacer una llave el día anterior y la puse en práctica. Quedó tendido en el suelo acolchado del parque. Su madre acudió en seguida y, horrorizada, fue a llamar a mi padre que estaba tomando algo en un bar cerca del parque. Ella sabía que su hijo me pegaba y siempre decía que eran cosas de niños. La llave que le hice, según ella, no lo era. A mi padre le pareció increíble.

Volvimos a casa. Yo caminaba sin articular palabra; mi padre rebosaba de alegría. Apenas entró a casa, lleno de orgullo le contó lo sucedido a mi madre.

A veces pensaba que mi padre habría preferido que yo fuera un chico, a pesar de que él me decía que siempre había querido una niña. Empezamos una rutina: todos los días al llegar del cole pasábamos media hora o una hora haciendo una lucha basada en llaves e inmovilizaciones. Poco a poco me fue enseñando su mundo.

Mi padre pasaba muchas horas en el ordenador. Yo me ponía a su lado a ensayar con el piano o a ver cómo jugaba al juego de guerra mundial de moda. A mi madre no le parecía bien que estuviera sentada a su lado viéndolo jugar, le parecía triste y penoso que no él no jugara conmigo y que yo tuviera que estar mirándole para sentir cercanía.

Acabé iniciándome en los juegos de disparos y fútbol con 7 años. Intentaba quedar primera en la clasificación para que mi padre estuviese orgulloso. A mi madre no le estaba pareciendo bien esa evolución mía, ni los hábitos de mi padre: siempre le recriminaba que no fuera a dormir hasta las 5 de la mañana por estar jugando.

Pocas veces vi una muestra de afecto entre ellos, y ni recuerdo cuando mi padre me abrazó. Sí que me leía algunas veces antes de dormir, pero la única que jugaba conmigo era mi madre, al menos una vez a la semana, junto con mis abuelos maternos.

Una vez mi padre me pidió que fuera a un kiosco a pedir la revista que leía mi madre. Yo le dije que sabía dónde la tenían, pero cuando fui, me dijeron que ellos no la vendían. Como me dio vergüenza haberme equivocado, le dije a mi padre que ya no quedaban. Al día siguiente volvió él a preguntar, para ver si ya la habían traído, y cuando se dio cuenta de que le había mentido, me dio una fuerte paliza. Una torta de mi padre valía por tres de mi madre. Cuando era pequeña, incluso, una vez me había partido un paleto al golpearme la cabeza contra la mesa. Fue su reacción en uno de los almuerzos en que yo no quería o no podía comer.

Mi madre empezó a trabajar en el bachillerato diurno. Yo apreciaba el esfuerzo que hacían por estar conmigo. Mi padre no se valía por sí mismo, apenas sabía cuidarme. No cocinaba, no limpiaba, solo nos llevaba en coche y pagaba facturas. Yo tenía en claro que mi madre había puesto la casa porque era un tema de discusión. Ella siempre me decía:

—Lo normal es que el hombre, o los padres del hombre, paguen la boda y la casa. Yo a tu padre le puse todo, hasta los calzoncillos, solo me faltó meterlo en casa en brazos como en las películas. Hasta fui yo quién le pidió matrimonio y compré las alianzas.

Cuando veía que mi padre no colaboraba en casa, se llenaba de ira. También empezaba a invadirla una depresión.

Cada vez que mi padre le intentaba dar un beso o un abrazo, ella decía:

—No me toques.

Él preguntaba:

—Luz, ¿qué te pasa?

Lo que le pasaba era que había empezado a coger asco a mi padre. Le recriminaba que fumara tanto y le molestaban los ronquidos. A veces dormía en el salón y, alguna vez durmió en mi habitación, que tenía dos camas.

—¿Por qué pusisteis dos camas si iba a ser hija única? —les preguntaba, a veces.

—Por si traías a una amiga a dormir —respondía mi madre.

—No me dejas ni traer a nadie a comer porque no quieres que vean la casa.

—Si alguien ve en qué posición vivimos tendremos más problemas, la gente es envidiosa.

Para evitar que tuviera problemas con mi padre, yo hacía todo lo que mi madre le mandaba a él. Limpiaba el polvo, recogía sus tazas del estudio, cambiaba las toallas.

Empecé a darme cuenta de que mi madre tomaba antidepresivos y ansiolíticos. Supe también que iba a un psiquiatra privado y que éste le había recomendado que su familia la apoyara para pasar el proceso. Por lo visto tuvo depresión posparto, lo que, junto con las experiencias y la depresión genética heredada de mi abuelo, complicaban todo. También me enteré de que mi abuelo tomaba otro tipo de las mismas pastillas y que el médico le iba subiendo la dosis para equilibrar la mente.

Cuando mi bisabuela murió estábamos solos en Gijón. Estábamos por ir al cine cuando nos llegó la noticia. Sentí alivio, la veía sufrir y las pocas veces que la escuchaba hablar era para preguntar que por qué mi abuela y mis padres me trataban mal o me pegaban si era buena nena. Yo sufría por ella y ella por mí, aunque yo no entendía bien por qué. Al funeral vino una parte de la familia materna que no conocía, ni volví a ver en mucho tiempo.

Mi lugar de paz —aparte de la biblioteca donde pasaba todas las horas que podía—, era Murcia. Mi madre en su época de soltera había comprado un bungalow en una zona costera para alejarse lo más que podía de la gente de Mieres. Mis padres iban cada año por el verano a un sitio distinto del Caribe, mientras yo me quedaba en Murcia con mis abuelos maternos y el caniche. A mí me parecía un paraíso. Con 40 grados, siempre estábamos en la playa con mis abuelos, o iba a dar vueltas en bici sola. También me gustaba dibujar la flora de alrededor. Era un paraíso de libertad y tranquilidad al que esperaba volver todos los años.

También tenía un amigo, Sergio, al que le estaba cogiendo cariño. Era el vecino del chalet de al lado, malagueño, también veraneaba los agostos con los abuelos.

Estaba siempre pendiente de mí y quería pasar tiempo conmigo, desde que nos despertábamos hasta que nos íbamos a dormir. Me decía:

—Me enamoré de ti desde que nos conocimos en los carritos siendo bebés.

Un día se cayó de la bici y se le levantó la piel con la acera. Yo, por empatía, me tiré de la bici. Me hice algunos rasguños y nos curaron a la vez. Cuando volvía al colegio yo decía que era mi novio, lo que impresionaba a los demás.

Cuando mis padres volvían del Caribe a pasar las vacaciones todos juntos en Murcia, me traían un recuerdo, aunque yo esperaba que algún año me llevaran con ellos.

Mi abuelo empezaba a estar distinto. Ya no representaba para mí esa imagen de felicidad. Empezó a alternar estados, pasaba más de la mitad del año enfadado y quejándose de todo. Su semblante pasó de ser alegre y tranquilo, a tener asco por todo y tener siempre el ceño fruncido; parecía otro. De repente, durante un mes, se volvía como un bebé: no era capaz de comer por sí mismo, ni lavarse, ni peinarse, todo su autocuidado lo llevaba a cabo mi abuela. Mi madre me dijo que la depresión derivó en bipolaridad, que prefería al que lloraba y no se movía, al que lo veía todo mal.

Yo me decantaba por su personalidad de figura imponente y seria, me hacía superarme e intimidaba a mis padres. La personalidad inútil, en cambio, era maltratada e insultada por mi abuela y me dolía ver a mi abuelo en ese estado, empezando a querer morirse para no sufrir. Por suerte, el resto del año se encargaba de las cosas de toda la familia.

Me enteré que desde que nací mi abuelo había creado una cuenta en la que me iba ingresando 100 euros cada mes, con el objetivo de que a los 18 los pudiera tener ahorros para estudiar. Además del dinero que le daba a mi abuela, a mis padres y a mí, separaba eso para mi futuro. Siempre me decía en secreto: "no me fío de las mujeres de esta casa".

Mi padre empezó a descargar su ira con el caniche. Si estaba en mitad del pasillo o en un lugar que le molestaba, le daba patadas para que se moviera. Apenas lo sacaba, así que empecé a sacarlo yo cuando pude ir al colegio sola. Giovannie era mi mejor compañero, cuando mi padre me pegaba con una revista o periódico por contestarle, el perro saltaba y ladraba. A veces, cuando mis padres venían a buscarme al colegio o a las actividades con él, el perro se abalanzaba sobre alguno de mis compañeros. Empezaba a ladrarle y a rodearle: mis padres no entendían por qué hacía eso, pero yo me maravillaba porque siempre lo hacía con las personas que ese día se habían metido conmigo. En mi soledad, le leía libros del colegio al caniche; pensaba que entendía lo que le decía aunque, en realidad, solo quería mi compañía. Era un buen perro. Pensar que mi madre lo compró por apiadarse de él ya que vio que su madre y hermano en la jaula le mordían y le maltrataban y le dio mucha pena.

Poco a poco mi padre se fue distanciando de la casa, ya quedaban lejos los días en los que me columpiaba en el parque o nos contaba chistes. Mi madre le recriminaba que no pasara tiempo con nosotras más que para llevar el coche o tomar algo de vez en cuando.

Le reprochaba que no se encargara ni estuviera atento de mí y mis necesidades, como citas médicas, vacunas, ropa, material escolar y las notas.

Teníamos miedo a pedirle algo, a entrar en el estudio donde estaba él jugando, siempre decía que estaba descargando cosas por internet y que salían anuncios subidos de tono o que estaba en una partida online. Todos los días se enfadaba con la máquina, tiraba cosas, rompía el mando y gritaba. A mi madre le molestaba que yo no pudiera usar el ordenador para los deberes. Nos turnábamos para entrar, cuando teníamos que pedirle que nos llevara a algún lugar. Sabíamos que era probable que gritara o se enfadara con la que tocaba.

Mi madre solo iba del trabajo a casa. Esperaba tomar algo con su marido o tomar el sol con él, pero estaba cansado de salir los findes y no le gustaba estar en la playa o el monte por el sol. Cuando íbamos a un lugar así, esperaba en el coche o en el bar hasta que terminaba el día. A veces nos ponía mala cara, se quejaba y nos lo echaba en cara. Por lo menos nos descargaba música y películas que alguna vez veíamos juntos.

En ese periodo tuvieron que hacerle una operación porque tenía la espalda rota, debido a que había construido la casa de sus padres con solo 17 años. Cuando se estaba recuperando de la cirugía, aunque estaba mal, en la playa cogió un patinete para hacerme feliz.

Mi madre le echaba en cara que ella había pagado por su operación y que su familia no había sido capaz ni de ir a visitarlo o preguntar por él. "A pesar de que, por culpa de ellos, por crear piedra a piedra la casa del monte, te la has roto", le decía.

Lo único que yo oía hablar sobre la familia de mi padre era que eran malas personas.

A mi abuela paterna la llamaban "bruja Piruja". A veces ella le mandaba comida a mi padre por medio de un familiar, pero mi madre la tiraba apenas la recibía. A mí me decía:

—No comas nada, que está envenenada.

Yo me lo creía, pero me daba un poco igual porque siempre mandaba callos y eso a mí no me gustaba.

Una tarde saliendo del cole, antes de que me dejaran volver sola, estaba esperando a mi padre que llegaba tarde como de costumbre, cuando la profe me dijo que habían venido a buscarme mis abuelos maternos. Cuando salí vi que no eran ellos. Eran dos personas de 50 años, de más de metro setenta, pálidos, que decían ser mis abuelos paternos. Me dijeron que lo habían hablado con mis padres y que debía ir con ellos. Dudé, pero me metieron en el coche y empezamos a andar. Empecé a sudar, ya que mi casa estaba a menos de diez minutos andando y veía que llevábamos más tiempo en el coche. Salimos de Mieres, y de Asturias. Estaba asustadísima y congelada, no sabía ni quienes eran ni a dónde me llevaban. Acabamos en la provincia de León, por lo visto querían llevarme a conocer a mi bisabuela paterna. Lo único que quería era volver a casa. Sabía que mi madre se enfadaría, así que insistí en que la llamaran, pero no quisieron. Pasé tanto miedo por no saber qué iba a pasar conmigo o a dónde íbamos que no me acuerdo qué más pasó, hasta que volvimos a casa. Mi madre estaba ya por denunciar la desaparición porque, no, no habían avisado que me iban a buscar, tal y como lo había presentido. Ese es el primer recuerdo de ellos que tengo.

Luego empecé a verlos cuando íbamos a Pola en navidades y cuando fue la boda de los tíos que me habían traído el oso gigante. Recuerdo que tuve discusión con mi madre. Ella no estaba a gusto con mi padre y su familia, así que se nos puso en la mesa de los niños. Estuvo todo el tiempo encima mío, me metía la comida en la boca y le hablaba mal de mí a los otros niños. Les decía:

—Hay que ayudarla a comer, porque es muy lenta y no se vale por sí misma. No le hagan caso.

A mí, me miraba y me decía:

—Mira a ese niño, tiene 5 años y que bien que come.

Cansada, le dije:

—Quita mamá, me agobias.

Por esa respuesta pasó una semana sin hablarme.

Mi abuela materna intentaba comunicarse con mi abuela paterna por el teléfono fijo, para llevarse bien con la madre de su yerno, y hacerle ver que tenían que ayudarle y darle compañía. Siempre decía que era muy buen chaval. A mí también me lo decían. A mí me impresionaba ver que los hombres de mi familia siempre hacían lo que las mujeres decían. Me asombraba que hasta les vistieran para salir. No solo les compraban y elegían la ropa, sino que antes de salir se las colocaban, los peinaban y les echaban colonia. A mi abuela y a mi madre les gustaba mostrar a sus maridos ante sus antiguos romances que no pudieron estar con ellas. Muchos hombres le preguntaban a mi madre por qué estaba con ese hombre. Mis abuelos maternos también habían pensado, cuando se casaron, que el matrimonio iba a ser la ruina, pero que al menos mi padre tenía buen corazón.

Por otro lado, yo seguía en mi mundo. Pasaba mucho tiempo en la escuela y dedicada a la carrera de piano que había empezado sin que se me consultaran. Ensayaba entre 4 y 6 horas al día, incluyendo las clases. Cuando descansaba, igual tenía que estar corrigiendo posturas.

Había empezado con 3, 4 años. A mi madre le gustaba mucho la música clásica, y disfrutaba muchísimo escucharme tocar, pero creo que la decisión de que yo aprendiera piano estuvo más relacionada a una cuestión de posición, de estatus.

Cuando pude, les pedí a mis padres dejar la carrera de piano y probar otras actividades, ya que quería divertirme y aprender otras cosas. Estaba también en el coro, con el que viajábamos por Asturias. Me encantaba expresarme cantando, desde el alma, pero allí los niños también se metían conmigo, me llamaban "jirafa" por la altura o "conejo" por tener los piños sacados. Mi madre también se reía de mis dientes, pero luego me llevó al ortodoncista para corregirlos. Por lo visto, los momentos de ansiedad habían hecho que me mordiera el labio y que se me moviera la mandíbula y la columna. También me puso un dermatólogo porque me decía que tenía la cara como un mapa de granos y estaba feísima.

Fui a unas clases en un colegio de tenis, pero no funcionó. Probé el karate, pero en el calentamiento ya me pegaron mis compañeros, así que no volví.

Acabé siendo instruida por mi madre fuera del colegio. Me daba clases de inglés en las que yo sentía mucha presión por hacerlo perfecto. Ella siempre que podía, delante de otros niños, me hablaba en inglés y francés, y se enfadaba cuando yo le contestaba en otro idioma. Gabriel también sabía francés, porque sus padres eran franceses.

Era, además, un devoto de Dios y la fe, así que me llevaba bien con él. Aunque me movía con cautela por sus ataques de ira, a veces quedábamos los dos solos a jugar a fútbol en el parque después de misa.

Como mis padres pagaban los balones, los chicos no tenían problema en jugar conmigo. Uno de ellos era mi amigo rubio, guapo y de ojos claros, Daniel, al que yo maltraté antes por no haber creído en su amistad. Con el tiempo empecé a confiar, porque siempre que podía me defendía.

Comencé a jugar con niños más pequeños que yo, me gustaba cuidarlos y ayudarlos para que sus padres pudieran estar tranquilos.

Me sentía tan sola que me imaginaba que mis muñecas estaban vivas y las sacaba de paseo haciendo de guía turística y contándoles curiosidades de las calles y los comercios.

Mi madre y mi abuela me regalaban cadenitas de oro, mi madre me dio una que pasó por generaciones. Me desapareció del cuello al día siguiente que fui al cole y mi madre nunca me lo perdonó.

Un niño que se llamaba Martín siempre me tiraba el yogur en la ropa. Mis padres se enfadaban de que yo llegaba a casa con la ropa sucia. Un día se lo dije a la profesora y no me hizo caso, me respondió:

—Háblalo con él.

Otra, agregó:

—Pues ten cuidado.

Un día me dio por preguntar a mis padres que debía hacer si cada día me tiraban el yogur encima. Mi padre me dijo "tíraselo en la cabeza, ya verás como no te lo tiran más".

Así lo hice.

Cuando la profesora se enteró, me dijo:

—Ahora le vas a lavarle el pelo en la fuente.

No entendía. ¿Y todos los días, cuando él me lo tiraba encima de la ropa?

De todas maneras, se lo lavé.

Los profesores me cogían asco cada vez que me rebelaba y no veían bien que me quedara en los recreos jugando al Trivial y al ajedrez con Gabriel, Daniel y una chica con la que empaticé porque también se metían con ella. Empezaron a bajarme la nota en los exámenes por ser problemática y por llegar tarde.

Me apunté a futbol con Daniel, me disgustaba que mi padre no viniera a verme a los partidos. En su lugar, venían los dos padres de mi amigo y me animaban. Me tenían cariño, pero mis padres no querían que me gustara mucho estar con él ya que su madre limpiaba portales y eran comunistas.

Los niños de Mieres, al ver que jugaba a futbol, me pegaban más. Ahora tenían doble razón: por "pija" y por "marimacho". Me decían: "las niñas no juegan al futbol".

La verdad es que yo era la única chica que jugaba a fútbol. Gracias a que reclamé en el cole que también hubiera una liga de chicas, pusieron una liga femenina que ayudé a organizar para tener un mínimo de inscripciones. Acabamos ganando el trofeo, pero el mayor triunfo para mí fue que a partir de ese momento las chicas también podrían tener su liga y llevar pantalón.

Otra cosa por la que se metían conmigo era porque me descubrieron comunicándome con animales, como mi

38

perro, pájaros o gatos callejeros. "Esta rara habla con los animales", decían.

Me daba cuenta de que no podía ser mala y de que, en realidad, me gustaba más ayudar a otros que hacerles daño. Empecé a pensar que quizás esto significaría algo, y que luego de hacer la comunión me vendría una señal de Dios (un ángel o algo), diciéndome que lo estaba haciendo bien y que todo tenía un propósito.

Me era muy difícil ir en contra de cómo era, pensaba que solo tenía que aguantar un poco de sufrimiento más. Me empecé a imaginar mundos en los que yo era una heroína de noche, llamada Black Girl que defendía a los débiles.

Tenía miedo a la oscuridad total, veía monstruos y a veces despertaba con toda la habitación deshecha y gritando porque no sabía dónde estaba. Mis padres decían que era normal por tantos cambios de casa. Siempre dormía con una luz y un libro, lo cual causaba molestias. Mi padre miraba debajo de la puerta y se enfadaba. Mi abuela venía, aunque tuviera la luz apagada, me despertaba, me quitaba las sábanas y me decía:

—Yo sé que eres como tu madre, desobediente, estás ocultando el libro, te vas a quedar ciega de tanto leer.

En casa, mi madre se sentía sola y compraba ropa. Se había vuelto compradora compulsiva: no podíamos ni abrir los armarios y hasta había ocupado un baño con ropa. A mi padre le agobiaba. Ella estaba desesperada, empezó a decir que se divorciaría de él, que tenía ganas de pegarle para que le hiciera caso.

—Me siento impotente, no hace nada de lo que le pido o por ayudar, ya ni nos mira —me decía.

La primera vez que vi a mi madre darse un cabezazo contra el marco de la puerta, fue en el estudio. Mi padre estaba a su lado jugando con los cascos puestos sin mirarle.

—¿Pero qué haces Luz?

—Lo hice porque no quiero hacerte daño.

Mi madre hacía todo lo posible para que funcionara la relación. Pasábamos las Navidades en Madrid, luego yo llevaba chuches al colegio para los demás niños, aunque nadie me creía que había estado en la cabalgata de Madrid. También nos llevaba a Francia casi todos los años, y al pueblo en el que se crio mi padre para que se reencontrara con su infancia. Empezó a hacer yoga y a apuntarse al coro de adultos, para que pudiéramos cantar juntas. Nada le servía. No mejoraba su depresión.

Ella decía que no podía sostener más esa relación, que le tenía más asco que amor, que ya no podía dormir con él ni dejar que la tocara. La última relación sexual que tuvieron fue para crearme a mí. Le exasperaba hasta verle respirar y que pasara de mí la airaba. Fue a hablar con sus padres, pero, como siempre, mi abuela le dijo:

—Es un buen chaval, no lo dejes.

Cuando mi madre le echaba de casa, iba a dormir con mis abuelos maternos a cien metros. Iba llorando y les decía a ellos que convencieran a su hija para que le diera otra oportunidad.

Esa situación continua de marchar y volver, junto con que mi abuela se metía en casa para ver si estaba limpia y había comida, empeoraron a mi madre. Habían comprado otro piso en Mieres y Gijón. Así que mi padre en vez de dormir en el coche de mi madre o en casa de mis abuelos maternos, se iba al piso de al lado. Mi madre siempre le perdonaba y volvía con él. Yo me quedaba con lo bueno de mi padre, las pocas veces que estuvimos juntos. Me daba pena que mi madre lo echara de casa, aunque también la entendía, pues cada vez que le volvía a meter en casa no cambiaba y volvía a estar sentado delante de la pantalla y sin prestarnos atención.

Se confrontaban siempre en mis habitaciones y me rompían recuerdos. Yo me encerraba en el baño con el perro y mientras éste temblaba, yo le acariciaba y le decía que todo saldría bien, que no nos pasaría nada. Luego me ponía música en los cascos como me había recomendado mi abuela.

Mi madre empezó a calzarme hostias por minucias, tenía miedo a que cualquier cosa la enfadara y que me tirara algo o me pegara.

Mi padre me bajaba al bar o me sacaba de casa cada vez que ella se enfadaba con uno de nosotros porque acababa rebotando al otro. Mi padre, cuando se sentía con valor, me defendía. Le daba pena de mí, decía: "Luz, deja a la guaja que no tiene la culpa", "¿cómo le pegas esas hostias? que no ha hecho nada".

Después de muchas elucubraciones, mi madre se decidió a divorciarse de él, aunque mis abuelos, los conocidos y yo, no queríamos. Le pedí que aguantara hasta mi comunión. Le dije que a mí me daba pena él y que yo aún lo necesitaba. Le supliqué y decidió aguantar un poco más a ver si podían cambiar las cosas.

Ese pedido que hice con 9 años, casi me cuesta la vida.

Capítulo 3

El tsunami

Seguí viendo a mi familia paterna muy de vez en cuando. A veces veía a los tíos que habían venido a mi cumple, Lilian y Xurde. Ella era la hermana pequeña de mi padre, 14 años más joven que él. También veía, a veces, a su hermano pequeño que venía con su novia Deva. Siempre me traían un detalle cuando venían a verme a casa, detalle que mi madre despreciaba por ser barato o feo desde su punto de vista. También venían mis tíos abuelos, aunque no tan habitualmente.

Los que nunca venían a verme eran los padres de mi padre. Teníamos que ir a visitarlos al pueblo, pero a mi madre no le hacía gracia que fuéramos nosotros quienes íbamos a verles y que ellos no se pasaran por aquí.

—Espero que no se te pegue nada de esa familia, son malas personas —me decía—. Y que ni se les ocurra hablar mal de mí o de tus abuelos.

Mi madre me decía que a mi padre lo hacían ocuparse de deshacerse de los perros que tenían en la huerta cuando ya eran viejos. Tenían por costumbre atarles piedras al cuello y lanzarlos al río.

Cuando fui la primera vez a verlos con mi padre, a por los regalos de navidades, Covadonga, mi abuela, me dijo:

—Ven a vernos más, puedes llegar en tren o en un taxi.

No entendía cómo tenían tanta dejadez y desinterés hacía a mí y, al mismo tiempo, decían que mi madre y mi abuela no les dejaban verme. Mi abuela materna me decía que no nos veíamos por líos de mis padres que no tenían que ver conmigo.

Mi padre se empezaba a distanciar, siempre coincidía que trabajara en festividades, navidades, nocheviejas, ramos. La última vez que pasó, antes de irse a trabajar, por nuestra cena de fin de año —en la que nos reuníamos mis abuelos maternos, mi madre, el caniche y yo— noté algo distinto en él. Lo vi más apresurado que de costumbre por marcharse.

Él siempre había buscado la manera de hacer actividades conmigo fuera de casa, los dos solos: íbamos a las máquinas recreativas, al cine, los karts o el parque. Ese hábito que se repetía una o dos veces al mes también había ido desapareciendo.

Empecé a pasar más tiempo con mi abuelo, aunque seguía recio y enfadado, había pasado a ser su compañía simplemente. Íbamos a la huerta del monte, como siempre a pasear, y a hacer las tareas del campo. Entregó sus ovejas a nuestro vecino de la derecha que se le habían muerto y una parte de la finca que ya no quería cultivar a la vecina de en frente.

—Ya no puedo ocuparme de la huerta, me estoy quedando sin fuerzas —decía.

A mi madre no le pareció bien que entregara esas donaciones.

Mi madre y mi abuelo siempre habían mirado por los demás más que por sí mismos, eran generosos y no querían alardear.

Mi madre daba libros, ropa, juguetes y uniformes a las madres de mis compañeros que tenían hermanos más pequeños.

Antes de que yo naciera, a mi abuelo le habían ofrecido un piso gratis en un barrio nuevo que estaban construyendo.

—Para que quería otro piso, si ya tenía uno. Yo vivía bien, que se lo dieran a alguien que lo necesitara más —me contaba.

Su forma de ser me encantaba, siempre intentaba seguir su forma de ver el mundo.

A mi abuela y a mi madre no les pareció bien y siempre se lo reprochaban. También solía poner dinero por algún vecino del edificio que no podía pagar la comunidad.

Mi padre tenía mucho cariño a mis abuelos por haberle tratado como a un hijo suyo, admiraba a mi abuelo, también tenía sus dotes de generosidad, siempre que podía ayudaba a un conocido y daba lo que tenía. Solíamos ir juntos a Cáritas a dar la ropa, hasta que vimos que se la ponían los que se encargaban del local y dejaron de abrirnos la puerta. Cuando volvimos con las bolsas a casa mi madre se quedó boquiabierta.

Un día mi padre tuvo un servicio privado en una fiesta y le dieron 200 euros de propina. En seguida fue a avisarle al compañero y compartió la mitad de su propina con él.

El problema era que esa caridad y empatía que mostraba mi familia nunca era devuelta por los demás. Cuando, rara vez, pedían algo fuera de nuestro núcleo, nadie les hacía el favor. Mis padres empezaron a estar decepcionados con la gente de fuera. Comenzaron a enfadarse y reprocharse entre ellos por ayudar a otros, sobre todo a los vecinos, en vez de priorizarnos a nosotros como familia.

Una vez nos robaron las bicis del porche de Murcia: todas menos la mía, ya que se avergonzaban de ella porque era antigua. Una tarde en la que íbamos mi padre y yo a regar las plantas del piso de mis abuelos mientras estos estaban en Murcia, al llegar al portal mi padre se dio cuenta de que estaba sin llaves y ya que llegarían mis abuelos pronto pasó de recoger el correo y revisar la casa. En cuanto volvieron mis abuelos, nos llamaron al fijo: les habían robado unas horas antes. Si hubiésemos tenido las llaves, les hubiéramos pillado in fraganti. Echaron la culpa a mi abuela por hablar con la gente y decirles cuando se iban de vacaciones: no tenía que haberse fiado de nadie.

También le robaron a mi abuela los perfumes del baño. Descubrimos que habían sido los albañiles que le reformaron el piso antes de irse. Con lo bien que les había tratado esos meses de obra, en los que mis abuelos les daban regalos y los hacían sentarse a comer conmigo.

Mi madre dejó de pedir ayuda a mis abuelos, por reproche también de que hubieran metido a mi padre en su casa y por haberla convencido de seguir con él.

Un mediodía, preparando la comida y todo lo demás en sus horas libres, para que estuviera listo cuando saliera del cole quemó la cocina. Se estresó y lloró, pensaba que lo hacía todo mal, que no podía con todo y que nadie la ayudaba. Las maestras se reían de ella, por haber estudiado una carrera distinta y seguir en Mieres alardeando de dinero. Las madres se reían porque llegaba, como decía ella "con la lengua afuera".

—Como siempre tarde, mal y nunca— y estallaban en carcajadas.

—Lo importante es llegar —le decía yo cuando se apenaba, que me encantaba que viniera a buscarme.

Esperaba sola porque hasta la maestra me dejaba después de un rato. Siempre tenía miedo a que no viniera nadie, a que se hubieran olvidado.

Alguna vez pasó. No recuerdo si no se habían coordinado bien o a mi padre se le había ido la hora jugando.

Cuando empecé a poder ir y volver sola de casa al colegio me dejaron pasear al caniche para ayudar en casa.

En casa, me trataban como a una princesa, por lo que tenía que seguir los estereotipos femeninos. Mi padre me decía que tenía voz de camionera. Mi madre y mi abuela me cepillaban el pelo todos los días varias veces, se esmeraban horas en lavármelo y mi madre se enfadaba cuando mi abuela me lo cortaba.

—Una princesa se tiene que peinar 100 veces al día —me decían.

Tenía una hora de protocolo a la semana que empezaban con ejercicios de tensión y relajación y acababan con una pila de libros sobre mi cabeza con la que debía pasear por el pasillo sin que se me cayeran, para andar siempre recta. Mi familia decía:

—Lleva siempre la cabeza lo suficientemente alta para que no te la corten y lo suficientemente baja para no pisar mierda. Nunca seas prepotente ni andes de perdonavidas, la arrogancia es un pecado.

Mi madre también me ilustraba en moda, marcas y complementos para ir conjuntada.

Les gustaba verme tocar el piano, porque les parecía una princesita, por eso se disgustaron cuando lo cambié por probar los deportes.

Todo eso complementaba con mi cuarto, rosa y dorado. Con ángeles sobre mi cabecero que cuidaban de mí y un atrapasueños que me iba cambiando mi madre.

Todas las noches que me quedaba a dormir con mis abuelos, rezaba con mi abuela. Rezábamos también por mis padres, como me mandaba mi abuela, para que se solucionara todo entre ellos. Para mi abuela era cosa de tener paciencia, hablar y aguantar, no divorciarse a la primera que hubiera problemas.

Pasé de ser la princesa de mi padre a ser la modelo de mi madre según crecía, le encantaba que me pusiera la ropa suya de la juventud y deseaba que algún día saliera con ella de fiesta.

—Cualquier cosa que te ponga te queda genial.

Mi padre empezó a ver con recelo que me miraran hombres adolescentes y jóvenes cuando salíamos o en la playa. Cada vez que veía a alguien mirándome mucho rato se acercaba y le gritaba:

—Como sigas mirando te voy a denunciar.

A mi madre le hacía ilusión lo guapa que estaba creciendo y estaba orgullosa de mi cuerpo. Se reía cuando veía a alguien observando. Mi padre, en cambio, empezó a cohibirme en actitudes y vestimenta. Un día íbamos caminando en Gijón y me tocó el culo mientras me decía:

—Si alguien te hace esto, ¿qué tienes que hacer?

Ese día le di una hostia a mi padre. Se sintió orgulloso y tranquilo.

En cambio, seguía celándose con mi madre.

Con la crisis del 2008, mis padres habían comprado un piso en Mieres al lado nuestro, donde mi padre se iba a dormir últimamente, antes decía que dormía en cocheras, me hacía muy feliz verle por las mañanas yendo al cole, esperando con el furgón de seguridad para verme.

Mi madre no quería pasar en Gijón los veranos con mis abuelos, ya que según ella la seguían tratando como a una niña, riñéndola por beber, fumar y tomar pastillas, por su cuerpo o porque no se había teñido bien. Mi madre no quería seguir sintiéndose cohibida, despreciada y atacada por mi abuela. Por ese motivo decidieron comprar otro piso en Gijón, cerca de la playa, como siempre había querido. Mis abuelos le dieron a mi padre 4000 euros para amueblar el nuevo piso, pero nos enteramos solo meses después, cuando mi padre se había gastado el dinero en una moto nueva. La crisis de los 40. Nunca se los devolvió.

Por otro lado, en Mieres estaba acabando el colegio y volvía sola a casa. Una tarde tres chicos, Guille, Pablo y su hermana, me pillaron en un pasadizo que conectaba dos calles, y me dieron una paliza en la oscuridad, contra la pared, como de costumbre.

Uno de los últimos recuerdos del colegio que tengo es que me bajaran nota en los exámenes sin motivo. A mis padres, sobre todo a mi madre no les gustaba que sacara seises en las notas: era una decepción. Para ellos un 7 era igual a un 5 raspado, solo estaban contentos cuando sacaba un 10. Mi madre siempre había estudiado mucho, se había ido a Londres a estudiar y a trabajar un año en un instituto privado. Mientras tanto trabajaba de camarera, como muchas profesoras de inglés. Me contaba que como tenía una edad parecida a los alumnos y era extranjera, la trataban mal. Los amigos de su novio africano de aquella época la trataban mal por ser blanca, pequeña y rubia. Se reían delante de ella, como si no se enterara. Cuando acabo su carrera, se aburrió.

—Loli, ¿y si nos ponemos a hacer la cátedra?

Loli era su amiga de toda la vida. Habían acabado la carrera juntas y así acabaron la cátedra. Mi madre tenía 21 años cuando ya era funcionara en el instituto de Mieres. Los chicos se metían con ella por ser más joven que muchos de ellos. Cansada de que le pusieran la zancadilla por los pasillos para que se cayera y se rieran, empezó a pisar pies y a imponerse; acabaron queriéndola y respetándola. El director que pusieron más tarde estaba vengativo con ella porque no había querido salir con él y había escogido a mi padre. Se paseaba por sus clases para pillarla haciendo algo mal, la criticaba por sus métodos de enseñanza con el inglés, ya que solía enseñar con las canciones que más gustaban a sus alumnos. El director hablaba en privado con sus alumnos para buscar algo malo en ella. Mi madre empezó a sentir presión en su trabajo y odio hacia él. Por suerte su buen trabajo y porte había levantado la admiración de otros profesores.

Los últimos exámenes que tuve en el colegio no estaban a gusto de mi madre ni míos, no entendía esa injusticia, siempre me esforzaba mucho para llegar a la perfección, mi único fallo era el oído musical en los dictados del conservatorio.

Cuando se lo dije a mi madre, fuimos las dos a presentarnos al colegio. Me asustaba mucho que pensaran que les mentía o que me hubiera equivocado. Entramos juntas a hablar con la profesora, yo sudando y ella enfadada creyéndome.

Mi madre vio que yo tenía razón, le caía mal por ser problemática y me había bajado las notas porque sí. Eso y el hecho de que no me dejaban llevar la copa que había ganado como capitana del primer equipo femenino, hizo estallar a mi madre. La profesora cuando nos íbamos gritó:

—Nunca va a llegar a nada.

Mi madre se fue gritando:

—Tranquila hija, volveremos para quemar este sitio de monjas comunistas.

Y escupió en un cuadro.

Unos meses antes de ese incidente, cuando estábamos subiendo hasta el tercer piso a la clase de sexto de primaria mis compañeros me tiraron por las escaleras. Ya había pasado antes, pero en las pequeñas, nunca se habían atrevido a hacerlo en la que tenía caída directa hacia abajo. Empecé a rodar por ellas. El resto de los cursos en lugar de ayudarme miraba o me seguían dando empujones y golpes con el paraguas para que siguiera cayendo. Los profesores no hicieron nada, dijeron no podían castigar a todos. Para mi madre fue traumático, por eso aquel día en la reunión demostró tanta rabia.

Hice la comunión con toda la esperanza y alegría del mundo de unirme a Dios. Los demás niños la hacían por los regalos. Mi madre por la esperanza de no tener la obligación de ir a misa y de poder separarme de los sábados hacer actividades con ellos, a las que iba de manera voluntaria, así ella podía tener más tiempo de pasear por Gijón y ver a su amiga Loli que vivía al lado de la playa.

Siempre nos trataba bien y me hacía regalos, pero no vino a mi comunión. Nos dijo que no podía venir, pero mi madre decía que se habría cansado de que le contara sus problemas con mi padre. En cambio, sí vino toda la familia de mi padre.

Mi madre había elegido como lugar de celebración El palacio de las nieves, que tenía karts, hinchables y demás cosas al aire libre. Estaba enfadada porque yo no le había comunicado con tiempo el día que haría la comunión y, para complicar más las cosas, ese día llovió y tuvimos que jugar dentro. Entre la familia materna y paterna ni siquiera se hablaban en la mesa, así que el tener que jugar con ellos les asqueó el doble.

Mi madre se deprimió por la lluvia y todo empeoró cuando rompí el vestido. Al llegar a casa empezó a gritarme:

—Eres un desastre, no nos dijiste la fecha y para encima rompes el vestido. No vales ni para tacos de escopeta.

Mientras lloraba me pegaba tortas a mano abierta en la cara. Su rostro se volvía afilado, rojo, se le hinchaba la vena derecha del cuello y parecía que iba a explotar. Los ojos se le salían de las órbitas. Lanzaba golpes a dos brazos sin parar hasta que mi padre la cogía en volandas y la lograba separar de mí.

—Luz, tranquilízate que es tu hija.

—Mía no es nada, yo no la reconozco, no se parece a mí. Ha salido con tu napia de mentiroso.

Mi padre la metía en la habitación y se ponía a hablar con ella.

—Yo no quiero estar contigo, te he dicho que te vayas, que me dejes en paz, chupóctero. Vete con otra y déjame en paz. Pido todos los días a Dios que te vayas con otra. Cada vez que te oigo respirar me pones de los nervios.

Empezaba en un estado de tembleque y a tirarse de los pelos hasta arrancarse mechones.

—No tienes huevos para irte, yo lo he hecho todo por ti —continuaba.

—Ros, me voy a suicidar, te lo digo en serio, no puedo más —comenzó a decir mi padre—. Por favor, para.

—Suicidarse es de valientes y tú no lo eres. No vales para nada. Ni tu familia te quiere.

—Te estás convirtiendo en tu madre y siempre luchaste para no serlo.

—No me contestes que, igual que te arreglé la nariz, te la destrozo.

—Me voy a llevar a la cría, no puede estar aquí contigo. ¿Tú ves normal lo que haces? ¿Esto te parece normal? Estás haciendo lo mismo que te hicieron a ti.

—Como te la lleves, te mato, ¿me oyes? Te mato. Ni te reconocerán tus padres, esos que pasaron de ti durante años.

Yo oía desde la otra habitación la discusión y, luego, los golpes y hostias que le daba a mi padre mientras este permanecía inmóvil e intentaba taparse la cara para no tener que dar explicaciones en el trabajo. Sus compañeros ya intuían algo por los arañazos en el cuello y por su ánimo.

—Nuestra hija está viéndolo todo, Luz, que vas a traumatizar a la guaja, tranquilízate —decía.

Salía de la habitación y me decía:

—Enciérrate y no abras hasta que te avise. ¿Tienes el reproductor? Ponte los cascos. No me abras ni a mí hasta que se tranquilice. ¿El perro está contigo?

Si Giovannie no llegaba a tiempo hasta donde estaba yo, cuando explotaba todo se escondía y se ponía a temblar, pero no nos la podíamos jugar a salir cada uno de donde estábamos. Yo lo intentaba, siempre me arriesgaba por él, porque si le pillaban en medio, lo pisaban o le hacían daño de rebote. Como se movían por toda la casa, a veces mi madre me pillaba.

Nos escondíamos debajo de las mesas, escritorios y sillas, debajo de las camas no podíamos por la ropa de mi madre acumulada. En intentos desesperados detrás de las puertas entreabiertas por si pasaba en un ataque de ira y no nos veía. En esos momentos yo pensaba que mi madre se convertía en un monstruo, era una transformación a otra persona.

Mi madre pasó de echar de casa a mi padre a encerrarnos con llave y no dejarnos ir hasta que estuviera satisfecha de golpe. Marchábamos a distraernos y volvíamos.

Algunas veces mi madre venía de noche mientras dormía y empezaba a darme puñetazos en las piernas. Cuando me acostaba, me ponía encima libros de tapa dura con los que me sentía protegida. Más tarde empecé a dormir en la alfombra, por miedo a que mi madre en vez de puñetazos viniera con un cuchillo, de los que a veces me lanzaba. Ponía el oso grande que me había regalado mi tío o ropa debajo de las sábanas y dormía a los pies de la cama con el edredón dorado de decoración. Mi padre venía a verme cuando volvía del trabajo a ver si tenía marcas, para controlar si mi madre me había hecho algo mientras él no estaba.

—Se acabará dando cuenta. O duermo yo aquí o vienes al salón.

Se acabó dando cuenta, pero dejó de venir de noche a decirme "donde tienes las piernas" mientras me las encontraba a golpes.

Empecé a poner una silla en el ropero o en la manilla de la puerta de la habitación. A ella le decía que lo hacía porque tenía miedo a los demonios o a que entraran a robar, que no se preocupara.

El ochenta por ciento del tiempo ella estaba lúcida, no hacía nada mal en su trabajo ni en la calle. Era una persona cariñosa que se apenaba por lo que le había hecho a su buen marido: no se acordaba de nada. Era la chica cariñosa, atenta y amable que nos animaba a dar lo mejor de nosotros mismos. Me defendía ante cualquiera con uñas y dientes, y siempre me creía y me hacía sentir especial, cuando no podía más con el exterior y tenía miedo a salir de casa.

De repente le daban arrebatos, como cuando me cepillaba el pelo. De repente empezaba a cogerme de la melena y a zarandearme la cabeza de lado a lado. El reto era a aguantar con el cuello duro sin moverme, gemir o quejarme. Sino salía bien peinada, pero con un moratón en una parte no visible, a veces no se contenía y me arañaba con el cepillo los brazos o con las uñas directamente.

Un día en que mi abuela y yo quedamos solas en una terraza del parque hablando, notó el arañazo que yo tenía del brazo izquierdo:

—¿Eso te lo ha hecho tu madre? —preguntó.

—Sí abuela, esta mañana, para salir bien peinada como a ti te gusta. Para que no le reprocharas —le respondí.

Se encendió un cigarrillo, me pasó un culín de sidra y dijo, soltando el humo:

—Tu madre está fatal, no es normal lo que le está haciendo a tu padre y a ti. Está para encerrar en un psiquiátrico. Si no tuviera que ocuparme de tu abuelo, te venías conmigo.

Me pasó otro culín y, apuntándome con el cigarrillo, me aconsejó:

—Bebe, y acuérdate de lo que te digo. Esto va a acabar fatal, pero recuerda que tú no tienes culpa de nada, eres buena y tu padre también. Es tu madre la que se perdió.

Mi padre se ausentaba mucho de la casa. Últimamente empezaba a mentir y se lo notábamos. Mi madre recientemente había apagado una operación de nariz a mi padre para que respirara mejor, cosa que le recriminaba.

—Pinocho, que hasta te tuve que pagar la rinoplastia. Cada vez que mientes te crece mal —le provocaba, dándole o lanzándole cosas a la nariz.

—A ver si con suerte está con otra —me decía a mí.

Por defenderme, mi padre tenía que marcharse de casa por las noches. Alguna vez me preguntó:

—Si me fuera de casa, ¿te vendrías conmigo?

—¿A dónde papá? No tenemos a dónde ir. Mamá está enferma, nos necesita y nosotros a ella.

—Es el amor de mi vida, pero no puedo aguantar más. Cada vez que me ve por casa me escupe. Tienes que entenderlo, vente conmigo —suplicaba.

—Ella tiene razón. No te ocupas de nada del colegio, de mis estudios, no sabes nada de vacunas ni médicos. Dependo de ella.

Lo poco que estábamos juntos dando un paseo o tomando algo estaban discutiendo.

—Pregúntale a la nena como me tratas —decía mi padre—. Luz, la nena no es una planta, ve lo que pasa en casa.

Yo por miedo no decía nada y me estaba quieta.

—Joer Carla, vas con el sol que más calienta —me decía luego.

Era cierto: yo buscaba sobrevivir en las mejores condiciones. Sabíamos las reglas: no esquivar los golpes, o recibíamos castigo doble; no taparse con las manos cuando nos estuvieran escupiendo en la cara, o dos patadas.

Mi padre amaba tanto a mi madre que no era capaz a irse de casa. También le daba pena por el perro, que tampoco entendía las peleas, se asustaba y ladraba.

Mi madre muchas veces se quitaba el cinturón del coche en la autovía, abría la puerta del copiloto y amenazaba con tirarse. Una noche volviendo de Gijón, sujetó su bazo derecho a la puerta y fue bajando la cabeza para que se la reventara en el asfalto. Decía que se iba a tirar. Mientras mi padre, conduciendo, gritaba:

—Luz, ¿qué haces? ¡Para! Que estoy conduciendo, nos vas a matar a los cuatro.

Yo solté el cinturón, metí a mi madre dentro y, mientras la agarraba con el brazo izquierdo al asiento, cerré la puerta con la derecha.

Mi padre, mientras, intentaba mantener el coche recto y la situación. Gritaba:

57

—La guaja se ha tenido que soltar, Luz. ¿Cómo nos haces esto?

Abracé a mi madre desde atrás por los hombros, durante todo el trayecto mientras le susurraba que se relajase. A la vez tranquilizaba a Giovannie que se inquietaba por esas situaciones.

Ella seguía despreciando a mi padre:

—No vales para nada, me da asco todo tu ser, sino fuera por mí estarías en la mierda.

—¿Qué quieres de mí, Luz? No puedo hacer más.

—Que te vayas a tomar por culo.

Nunca le levantó la mano a mi madre. No podía, la quería demasiado. Alguna vez le cogía las muñecas o le hacía una inmovilización como las que me había enseñado a mí, mientras le decía que parara. Mi madre se empezaba a retorcer de dolor, ella misma se giraba para hacerse daño a sí misma o se tiraba en el suelo gritando que le hacía daño. Yo lo veía desde la seguridad del pestillo del baño y sabía que mi madre estaba fingiendo. Me gritaba desde el suelo:

—Carla, ayúdame, mira lo que me está haciendo, ayúdame —y comenzaba a proferir alaridos.

Me sentía mal por no decir a mi padre que la soltase, como hacía cuando le pegaba a él. A veces le decía que había sido culpa mía y no de mi padre para que no le hiciera más daño. Nos íbamos turnando. Mi madre me hacía sentir culpable porque hacía que la estaban matando. Me quedaba paralizada, lo que hacía mi padre era retenerla para que no se hiciera daño y ésta le pegaba patadas en sus partes. Alguna vez le cogí las piernas hasta que se relajaba y respiraba.

Una noche mi madre se rajó sin querer la muñeca con el reloj de mi padre cuando le sujetó la mano en la entrada. Ella se tiró al suelo e hizo que él la había herido. Fue a mis abuelos diciendo que había sido él, haciéndose la víctima.

A mi padre le saltaban las lágrimas. Cuando pasó a decirles directamente que mi padre le había pegado no le creyeron.

—¿Y las marcas de arañazos que él tiene en el cuello siempre? Ese hombre no te pone la mano encima —dijo mi abuela.

Gracias a Dios.

A pesar de todo, mis padres seguían viajando solos y dejándome al caniche y a mí con mis abuelos. Su último viaje juntos fue a Cuba. Cuando volvieron, mi madre decía que mi padre la había tratado mal y la había dejado sola por calles peligrosas. Me trajeron un recuerdo, como siempre hacían.

Las últimas navidades en Madrid, mi madre hacía lo posible porque mi padre se fuera al hotel, como tirarle la bebida encima del plato y decir:

—Hala, ya has acabado de comer, ahora márchate.

Tuve la suerte de que me llevaran al caribe con ellos, a Jamaica. Era espectacular, un hotel de lujo todo incluido que tenía varios sitios con actividades, varios restaurantes y buffets libre, muchas piscinas y playas privadas. Nos entretuvimos esos días haciendo actividades al aire libre juntos, como subir la catarata de los ocho mil ríos o visitar la casa de Bob Marley, algo que le hacía mucha ilusión a mi madre. A ella le gustaban sus canciones de paz y amor, aunque mi padre decía que era un fumeta y un drogadicto.

Había hecho dos amigas de mi edad, con la que seguiríamos mandándonos correos a la vuelta. Pasábamos todo el día en la piscina. Un día empezó a caer una tormenta tropical y mi padre me dijo:

—Quédate aquí, no te muevas —y salió de la piscina.

El socorrista estaba de pie con un paraguas sin hacer nada, mientras la gente, con miedo a ser atrapados en el agua por un rayo y quedar electrocutados, clamaban porque les dejaran entrar al hotel a través del bar de la piscina. Yo me quedé sentada en la barra esperando, hasta que mi padre se dio cuenta y volvió a por mí, ya que no sabía nadar muy bien.

Mi madre dijo:

—Entre los dos no hacéis uno.

Nos dimos cuenta de que todos los cocteles de piña colada que estaba tomando no estaban exentos de alcohol.

Acabé el colegio una semana antes, ya que tenía viaje de estudios con el coro. Daniel vino a despedirse de mí, ya que al año siguiente iría a un instituto bilingüe donde ya había empezado a ir por las tardes.

Me encantaba cantar, me sabía todas las canciones de la radio. Mi abuela que siempre me hacía los trajes de las actuaciones del colegio, me incitaba a cantar y decía con énfasis:

—Canta vida canta, que quién canta su mal espanta.

Además, auguraba:

—Vas a ser cantante.

Yo quería ser veterinaria, me encantaban los seres vivos y me esforzaba mucho en estudiar, me compraron enciclopedias específicas de animales, me parecía una buena forma de ayudar a los demás.

También tenía como hobby escribir historias. Tenía imaginación y creatividad, me gustaba hacer las obras teatrales del colegio y participar en la revista.

Mis abuelos y mi madre siempre que podían me iban a ver y me apoyaban con todo.

Fui delegada el último año, cargo que no tenía sentido para nosotros, ya que seguían metiéndose conmigo. La señal que había esperado que cayera del cielo al hacer la comunión no se había presentado, así que esperé y me resigné a seguir aguantando. A veces deseaba que alguien entrara a mi habitación y me secuestrase para salir de ese entorno.

—¿Quién te va a querer a ti? Si te secuestran, a la hora después te devuelven — decían mis padres, riéndose.

Mi abuela me defendía siempre que se reían de mí.

La mitad del primer año de la secundaria fue bastante bien, un nuevo comienzo, nuevas esperanzas. Me elogiaban por mi belleza y por mi inteligencia, conocía a otros chicos de haber hecho la comunión juntos y del coro. Parecía popular, hasta que se enteraron de que era el blanco fácil en el otro cole. Un día entré a clase y unas chicas me dijeron:

—¿Tú eres la Carla que tiraron por las escaleras? ¿De la que se ríe todo el mundo? ¿La que no se defiende?

No sabía qué contestar, me había quedado de piedra. Tenía miedo de que volviera a pasarme lo mismo.

Ellas empezaron a reírse y reafirmaron que era la susodicha. A partir de aquel día, me pusieron el mote "la torrijas" y empezaron a hacerme la vida imposible, dentro y fuera del instituto.

De mi padre ya ni sabíamos dónde estaba ni donde dormía. Él decía que estaba en el nuevo piso de Gijón. Volvía solo a veces.

La primera vez que mi madre me echó de casa fue porque mi abuela había tirado unos libros que teníamos guardados para dar a una compañera del coro de adultos. Mi padre me encontró en el portal leyendo.

—¿Qué haces aquí?

—Mamá me ha echado de casa porque mi abuela se metió en su casa.

—Esto es flipante, yo alucino, te vas a venir conmigo —me decía.

Ese día se enfrentó a mi madre y por un tiempo ella dejó de echarme de casa. Ya la empezaba a llamar loca, chiflada y a decir que no estaba bien. Se iba cada vez más tiempo de casa.

Mi madre decidió que hiciéramos un viaje juntas a Las Palmas de Gran Canaria. Se pasó todo el vuelo de ida esperando a que le llamara mi padre y mandándole mensajes. Él me había regalado un móvil nuevo para poder comunicarse conmigo.

Yo veía sufrir tanto a mi madre por mi padre que pensaba que estar en pareja era lo peor del mundo. Pensaba: antes de enamorarme, mátame.

Con tal mala suerte, que acabé enamorándome en esas vacaciones. Yo iba a cumplir 12 y él 16, pero ambos decíamos que teníamos 14 años. Era de Tenerife y estaba de vacaciones en el mismo hotel junto a sus padres. Una tarde empezamos a hablar en la piscina y comenzamos a quedar todas las tardes.

En el penúltimo día de nuestras vacaciones, a su familia le habían robado el dinero de su habitación así que se quedaron en el hotel haciendo reclamos. Él aprovechó que estaban ocupados y cogió el bus sin avisar para venir con nosotras a la playa. Los padres lo supusieron y vinieron a buscarlo en el siguiente bus.

Mi madre estaba contentísima y sorprendida a la vez. Al volver le contó tantas veces la historia a mi padre hasta que se cansó. Yo no quería marcharme de Canarias y monté una escenita en el aeropuerto. Por primera vez me dolía el corazón por alguien. Seguimos hablando un tiempo más, hasta que todo se diluyó.

Volvimos a casa y volvió también mi padre. Hicimos un último viaje en familia, a Galicia. Mi padre se lo pasó en la habitación.

Mi abuelo se estaba volviendo más incapaz. El perro se estaba muriendo, se le caía la cadera y sangraba. Mi madre decía que era por las patadas que le daba mi padre en el pasillo.

En diciembre, unas semanas después de haberme hecho mujer, llamamos a mi padre desde casa para saber dónde estaba. Pensamos que se había ido a Gijón pero, agresivo

63

y a la defensiva, dijo que me estaba comprando una bici nueva. Por detrás escuchamos una voz y reconocimos que era la de su madre. Esa fue la última vez que hablamos con él. Nos estaba mintiendo a la cara y sabíamos que no iba a volver.

No volvió a vivir allí nunca más, ni a pasar una noche bajo ese techo. Por fin había encontrado el valor para irse.

Capítulo 4

Creencias

Al marchar mi padre, mi madre se volcó de lleno en la depresión. Seguía cuidando de mí, intentaba animarme a sobrellevar el bullying en el instituto.

Antes de irse, mi padre había ido a la policía a denunciar a un niño de mi clase y a su hermana mayor porque me acosaban más allá de los límites de la escuela. Generalmente me seguían hasta casa. Por suerte, no eran más de 50 metros de distancia, pero el temor no me abandonaba hasta que cerraba la puerta detrás de mí.

Cuando fue a la policía, mi padre enseñó una foto mía para que me protegieran a la salida del instituto, pero al ver la imagen, dijeron:

—¿Con esa altura se meten con ella? No nos engañes, tiene pinta de ser ella la que acosa.

Tampoco hicieron nada.

Además de pegarme, insultarme y tirarme cosas, seguían robándome y rompiéndome la ropa. Las profesoras hacían como si nada. Me decían:

—Tienes que dejar la chaqueta colgada, no en el respaldo de la mesa.

—Pero si la dejo en el perchero, me la rajan.

—Son las normas y son iguales para todos.

Un día, mientras esperábamos un profesor de guardia, mi madre entró a mi clase.

—Soy Luz, la madre de Carla. El que se meta con ella se las verá conmigo en el próximo curso.

Un par de superdotados dejaron en seguida de pegarme y empezaron a estar encima mío por si necesitaba algo. Los demás, en cambio, la denunciaron al director por las amenazas.

La amiga, a la que le había dicho que empezara conmigo la formación bilingüe, había dejado de hablarme y se juntaba con las que se metían conmigo. No decía nada, cuando me hacían algo solo se reía, como todos. Al principio quedábamos juntas para jugar en el parque a verdad o reto, pero empezó a dejarme plantada. Quedaba conmigo a las 8 o 9 de la tarde noche o lo cancelaba. Un día su madre llamó para reñir a la mía de que siempre quedábamos a horas que no eran normales, pero mi madre alegó que era su hija la que decidía la hora.

—No quiero yo que quede con Carla, es la rara de la clase y no quiero que piensen que mi hija es igual y se quede sin amigos o se rían de ella en clase —respondió.

Nunca volvimos a hablarnos y los compañeros preguntaban por qué ya no éramos amigas. Ni yo lo entendía.

El karma quiso que empezaran a meterse con ella por sus pechos: comenzaron a llamarla Ramona pechugona. No pudo con ello y el siguiente curso se cambió de instituto y de pueblo.

A mí me llamaban con número oculto amigas que ya no lo eran o niñas que se hacían pasar por ellas. Me invitaban a fiestas, pero yo no iba porque sabía que eran falsas. Mi madre y yo escuchábamos las llamadas juntas y las oíamos reírse. Mi madre empezó a devolvérselas: llamaba a Laura, la líder del grupo, para reírse de ella en venganza. Los días siguientes yo veía a Laura en clase intentar averiguar quién era la de las llamadas. Nunca esperó que fuera la chica con la que se metía todos los días.

A menudo intentaba quedar con alguna compi que me ofrecía salir. Llegaba al sitio ilusionada y no había nadie. Después de esperar horas me daba por vencida y volvía a casa llorando.

Algunos profesores que se llevaban bien con mi madre, o que le debían favores de otros cursos, me animaban o me cuidaban. A veces se paseaban por los pasillos para ver si todo iba bien o si tenían que separar a alguien que se estaba ensañando conmigo y dar parte al director, pero él no quería hacer nada; es más, le recriminaba a mi madre.

—No puedes ir amenazando a los alumnos.

—¿Y qué hago si el centro no toma represalias y mi hija tiene miedo a venir?

—Tú no puedes intervenir, eres una profesora del centro.

—Antes de profesora, soy madre —decía ella.

Él argumentaba que yo tenía autismo y aprovechaba para hacerme pruebas. A mi madre le parecía increíble que quisiera demostrar "mi incapacidad" para llevarme bien con el resto.

Finalmente, el director tomó la decisión de hablar con algunos alumnos. Organizó unas reuniones con una profesora que sería la mediadora. Me citó a mí junto con Claudia, Paula, Esther, Paula R. y la líder, Laura. El objetivo de los encuentros era hacer reflexionar a las otras chicas y conciliar las partes. El primer día, la profesora preguntó por qué me hacían lo que me hacían, si acaso yo les hacía algo. Nunca olvidaré la respuesta que dio una de ellas:

—No, no nos hace nada, pero es que cae mal así que no, no vamos a dejar de meternos con ella.

Ellas eran amigas de Pablo y Guille, que habían empezado a ir al instituto al lado del nuestro. Todas las mañanas que iba a clase me los encontraba. Los veía solo durante esos cinco minutos en la entrada, cuando yo llegaba tarde, pero era suficiente para tensarme y angustiarme. Esperaba que no me vieran, porque si cruzábamos miradas, me insultaban.

Siguieron los encuentros de terapia conjunta con mis opresoras, pero no daba muchos resultados. Una tarde, después de comer, iba a salir del portal y antes de abrir la puerta vi como Laura, el chico por el que fuimos a la policía y otros seis más estaban pintarrajeando con permanente el banco de enfrente del portal. Me quedé inmóvil, mirando sin hacer nada. Se fueron riéndose a carcajadas, el resultado final fue el mensaje: "PUTA TORRIJAS". Siguieron muchos bancos más con el mismo lema. También agregaron: "suicídate", "muérete" o "quítate".

En la sesión de terapia dije que había visto todo desde el portal. Laura se puso a llorar a chorros:

—Sé qué lo hice mal y lo siento. De hecho, fui a limpiarlo y todo porque me sentía fatal.

La profesora valoró el arrepentimiento, pero era mentira que ella lo había limpiado. Había sido mi abuela, que cuando se enteró trajo unos cubos desde su casa y productos de limpieza para quitar el permanente sin que no nos enteráramos.

Venían de otros grupos a mi clase para insultarme y decirme "torrijas, muérete ya", "haznos un favor al mundo", "que te pires" o "márchate". Todos los días. Yo me pasaba los intermedios de las clases leyendo, a la vez que miraba en todas direcciones para estar atenta de esquivar algo o a alguien. Solo lograba esquivar un veinte por ciento de las veces en que me arrojaban algo o alguien se tiraba encima para golpearme contra la pared. No me extrañaba que lo hiciera gente que ya tonteaba con las drogas o que tenía relaciones sexuales, pero sí que lo hicieran gente que sacaba mejores notas y eran superdotados, como Laura.

—Y este, que hizo la comunión conmigo, ¿por qué ahora me pega, mamá?

—Se dice que se están divorciando los padres.

—Pobre, lo debe estar pasando mal —decía yo, comprensiva.

En los recreos iba directamente a la biblioteca. Avanzaba corriendo y tapándome las manos y la cara con la cabeza, pero siempre algo me caía, incluso de gente que no conocía.

Me llevaba bien con un profesor que tenía una forma de enseñar más dinámica. Reconocía que tenía cultura y que me gustaba aprender, y me animó a publicar uno de mis trabajos sobre rituales y vida prehistórica en la revista de la escuela. Se le rebeló toda la clase.

—Eso es favoritismo —dijo Paula, haciendo de portavoz— porque es la hija de la profesora.

El resultado fue que no pude publicar en la revista. Me había esforzado mucho por ese trabajo, como siempre. No podía más, no tenía sentido esforzarme. Me rendí antes del tercer trimestre. Ya no quería ir a la escuela, así que mi madre me ayudaba a fingir que estaba mala. La única condición que me ponía era que saliera de casa a tomar el aire: que fuera a pasear al perro, a hacer compra o a estar con mi abuela.

Tanto me lo repitieron, que me creí que era mejor no estar allí, en ese mundo. Como era católica, pensaba que si me suicidaba iría al infierno, pero el infierno para mí ya era eso.

A mi madre le metieron un inspector para ver si seguía la normativa. La empezaron a insultar otros alumnos, pusieron fotos suyas en una red social y comenzaron a llamarla Nutella porque estaba muy morena. Le ponían pelucas rosas al bote y se reían de ella. Un día, agotada, me dijo:

—La cagué metiéndote en el mismo instituto, las demás hijas de las profesoras se hacen respetar y son populares. Ahora no estoy segura ni en mi trabajo.

Me sentía culpable. Algunas alumnas suyas intentaban protegerme a las salidas de clase y del recinto.

También se metían con mi madre por los pasillos, y ella no podía hacer nada. Cada vez que amonestaba a alguien, el director se lo recriminaba.

Al encontrarse sola, al ver que esta vez mi padre no iba a volver, empezó a beber una copita de vino después de clase. Primero había sido una recomendación del psiquiatra para bajar la ansiedad, pero fue yendo a más y empezó a mezclarlo con las pastillas. Mis padres habían comenzado los trámites del divorcio. Ella seguía ocupándose de todo: la casa siempre estaba impoluta, aunque ella no quería que nadie entrara. Me preparaba baños para relajarme con mucho amor y me preparaba la ropa para ir conjuntada, aunque los demás niños me llamaran "extravestida". Me animaba cada vez que venía llorando y contando lo nuevo que me habían hecho. Sin embargo, otras veces me pegaba por venir con la ropa cara rota o por no haberme hecho respetar. Tuve que volver a ponerme aparatos, se me estaba moviendo otra vez la mandíbula y la columna por la ansiedad. Ella decía que era culpa de mi padre. Cuando él me enviaba regalos, mi madre no me dejaba abrirlos porque decía que no teníamos que recibir nada de "ese hombre".

El divorcio no estaba siendo fácil, estaban casados en gananciales, así que todo lo que ella había conseguido se iba a dividir en dos. La pérdida de su esfuerzo y del hombre con quién más había compartido su vida la llevaron a encerrarse en una oscuridad absoluta. Dejó de comer y solo fumaba, se recostaba en la cama a ver la tele. No dejaba de lado sus deberes como profesora, pero ya no leía por placer ni disfrutaba con nada. Alguna vez salíamos a comprar ropa, aunque sabíamos que no nos la íbamos a poner más que para estar en casa, porque no salíamos. A ella le seguía animando vestirme y probarme ropa.

Los mejores momentos eran cuando ponía música en los altavoces del comedor y cantaba canciones de despechada. Se dejaba llevar; escuchaba discos enteros de Mónica Naranjo y Fangoria mientras ambas bailábamos. Seguíamos yendo a Gijón con mis abuelos. Continuaba intentando hacerme feliz jugando juntas o pasando tiempo de calidad tomando el sol. Casi siempre intentaba hacerme reír o hacerme sentir especial, lista y guapa.

Empezó a ver a mi padre como el enemigo. Le mandaba mensajes sobre mí y le contaba cómo me iba en el instituto y en los estudios. Le avisaba que tenía problemas. Ellos luchaban por mi custodia.

Yo quería quedarme con mi madre, pero mi padre quería que yo fuera a vivir con mis abuelos paternos. Ahí fue cuando mi madre empezó a echarme culpas:

—No estaríamos así sino fuera por ti. Si me hubiera divorciado antes, ahora no nos lo querría quitar todo. Te quiere llevar con una familia que no conoces para quedarse con este piso.

Mis abuelos no veían bien que mi madre se estuviera divorciando. Seguían diciendo que mi padre era bueno y había aguantado mucho. Además, les decían que me estaban metiendo en medio y eran cosas suyas. No quisieron ayudarla con nada del divorcio. Mi madre estaba pagando los pisos y facturas, la hipoteca y no podía dar de baja ninguno de los servicios en los que mi padre era el titular.

Mi abuelo seguía yendo a peor. Cada vez pasaban más meses en estado "vegetativo", como decía mi madre.

—Apenas sirve para nada, por lo menos conduce —se quejaba.

Mi abuela iba con él al médico para pedirle las pastillas más fuertes y ella misma se las iba administrando. Le empezó a dar palizas aprovechando que no se movía. Él le r respondía lo mismo que mi padre:

—¿Qué haces, Mari? Para, por favor, déjame—decía llorando.

—Sin huesos te voy a dejar —decía ella riéndose.

Esa frase era una broma familiar.

Cuando estaba yo, él gritaba:

—Nena, por favor, ayúdame que me mata. Ayuda, nena.

—Déjale, por favor. Le estás haciendo daño —intervenía, mientras le intentaba separar los brazos que con fuerza estaban agarrados al pelo de mi abuelo.

—Le tengo que poner en pie, tiene que comportarse como un hombre, no como un inútil —me respondía—. ¿A ti te parece normal que tenga que bañar, vestir y alimentar a un paisano que me saca medio metro?

Se lo fui a decir a mi madre, pues me daba mucha pena y no quería verlo así:

—Me da pena a mí también, pero lo prefiero así al subnormal, que va de perdonavidas, es majo con los demás y en casa nos tiene abrasados a críticas y malas caras.

—¿Cómo puedes decir eso? Si siempre se han portado bien nosotros.

—No, Carla, se portaron bien contigo. A mí me dieron palizas hasta los 30. Tu abuelo me sujetaba y tu abuela empezaba a darme con la escoba o puñetazos, como hace ahora con él. A veces se juntaban los dos a darme palizas y me dejaban en el suelo temblando. Una vez, tu abuela me dio una por ponerme un tampón. Loli me ayudó mucho en la universidad, me encontró sangrando y con un ojo hinchado y me llevó al hospital. Gracias a ella no perdí la visión del ojo. Ahora que le necesito es un inútil.

Para mí las palizas en casa cuando alguien se enfadaban eran normales. Había jerarquías de padres a hijos y de mujeres a hombres en las que ambas predominaban el primero. Yo lo entendía y lo respetaba: ahora que mi padre no estaba, me tocaba a mí ser a la que mi madre pegara palizas.

Además, yo no tenía amigos ni referentes, más que el perro que reconocía la violencia en todas sus formas y se enfrentaba a ellas a pesar de recibir golpes y de no poder moverse ya por la vejez.

Mi madre intentaba que mi abuela aprendiera los trámites del banco, a conducir u otras cosas para que pudiera ser independiente el día que se muriera mi abuelo o ya no pudiera ni ir al banco. Quería que fuera independiente y siempre se lo recalcaba.

En cambio, mi abuela empezó a pegar a mi madre cada vez que la veía deprimida para que se pusiera arriba y con ganas de vivir, como decía ella. Se enfadaban con ella si no seguía la rutina de hacer las camas, salir a pasear, comer, salir otra vez y cenar. También se enfadaba cuando la veía fumar: se metía con ella por el olor de tabaco en su pelo, las uñas amarillas y débiles, o sus arrugas. Mi abuela también fumaba, pero estaba tratando a mi madre como a una adolescente.

—Me sigue dando palizas con 50 años —decía llorando en el suelo.

—No te preocupes mamá, nos protegeremos juntas —le decía, mientras la contenía.

Lo malo es que a veces mientras la abrazaba, se transformaba, y me empezaba a pegar y a decir que era culpa mía.

—Ni tu padre mira para ti. No te quiere y no me extraña, porque eres un ser horrendo. ¿Quién te va a querer a ti? Eres un monstruo, normal que se metan contigo en todos los sitios. Bicho raro.

Casi todos los días me insultaba. Empecé a hacer una lista que escondía en mi mesita de noche con más de 100 insultos, entre los que estaban jorobada y cuasimoda.

—Eres una hija de puta, todo lo que nos está haciendo tu padre es por culpa tuya. Si me hubiera divorciado en la comunión no estaría ahora peleándome por los pisos.

—Mi padre me quiere.

—¿Qué te va a querer si cuando estaba en casa ni miraba para ti? Eres repugnante, ni tu padre te quiere, solo quiere quitarnos el piso. Le llamó para decirle que se están metiendo contigo y ni contesta. Mira los mensajes. Eres un monstruo.

—¿Mamá, por qué me dices eso? —le preguntaba.

—Yo no soy tu madre, no me llames mamá, demonio, engendro. ¿Sabes qué? Pedazo de mierda, si a todo el mundo caes mal, el problema no lo tienen los demás, lo tienes tú. No encajas porque eres rara y fea, palillo, tu cara da asco, con esa cara mapa que tienes llena de cráteres y con el cuerpo de espagueti y napiona como tu padre; en todo lo malo te pareces a él. Pinocho, plana, tu cuerpo es tan plano como una tabla de planchar y tus piernas son raquíticas, como tú. Todos los días vienes llorando, nos recorrimos todos los putos parques por ti, mocosa, calimera. No vales para nada, inútil y tonta, todo el mundo se ríe de ti porque no te enteras de una. No te sabe ni peinar, pareces una cebolla, ni vestir.

—Pero mamá, yo a ti te quiero, sé que no estás bien y todo esto no lo dices en serio.

—Te equivocas, yo a ti no te quiero, nunca te quise tener y si hubiera sabido que ibas a salir como él, hubiera abortado.

Empezaba a pegarme hasta dejarme inconsciente o mareada. Si lloraba, me pegaba más, hasta que parara de llorar. A veces conseguía encerrarme en el baño y entonces mi madre paraba de insultar y dar golpes, se ponía a llorar y a decir que lo sentía, que se había pasado:

—Por favor, sal, no te voy a hacer nada, lo siento, quiero que estemos bien.

Una de cada diez nos abrazábamos, llorábamos juntas y no pasaba nada, las otras nueve, en cuanto abría la puerta se abalanzaba sobre mí y seguía pegándome hasta que se cansaba. Yo imploraba durante horas:

—Por favor, que alguien me ayude. Me quiere matar, por favor. ¡Socorro!

Continuaba hasta que no podía más, pero nunca vino nadie.

Todo esto me hacía sentir culpable y creer que no merecía seguir viviendo. Todo el mundo me lo decía, no podía ser que todos estuvieran equivocados, estaba claro que yo era el problema. Ya me hacía chupetones en los brazos cuando mis padres discutían, luego pasé a cortarme con lo que pillara para castigarme a mí misma por mi forma de ser errónea.

Cada noche me sentaba en el alfeizar de la ventana con las piernas al vacío pensando en saltar y acabar con todo. Quería hacerlo por la ventana del patio, para que nadie me viese: no quería darle ese placer a la gente de Mieres desde la calle principal. Mientras lo pensaba, y recordaba las palabras de la gente de que le haría un favor al mundo, mi madre se acercaba al baño a decirme:

—Hazlo ya, pero no hagas el ridículo, es mejor para todos. La gente que de verdad se quiere suicidar no está dando por culo todos los días. Eres tan tonta que no ves que por el patio te van a amortiguar los tendales y quedarás más gilipollas o inválida. Suicidarse es de valientes.

Hay que tener valor para hacerlo, tu padre nunca lo tuvo, porque es un picha corta.

—¿Por qué no me empujas tú, y me ayudas?

—Tienes que hacerlo tú.

No entendía por qué nadie del edificio me ayudaba cuando me veían ahí todas las tardes. Como mucho me decían:

—Te vas a resfriar.

Le dije a mi abuela que mi madre no paraba de insultarme y que ya no aguantaba más.

—Pues ponte los cascos.

—Me los quita.

—Pues te aguantas, es tu madre.

Pero mi madre me quitaba los cascos y seguía gritándome.

—Yo te di la vida y tengo derecho a quitártela como quiera —me decía—. Has nacido de mí y me perteneces, eres mía y harás lo que yo te diga. No me llames mamá, ni respires fuerte, ni hables salvo que yo te lo permita. ¿Está claro?

—Sí, madre.

—Toma, vete a comprar.

—Vale, madre.

—No te pregunté —me daba una hostia— te dije que no hablaras si no te lo pedía, o no te preguntaba. Ni contestes. No quiero oírte respirar, me das asco, me repugnas, eres vomitiva.

Un día cuando me subí a la ventana pensé en que yo quería seguir viviendo porque mi perro me necesitaba. Yo era quien lo paseaba y cuidaba de él, me quería y no podía dejarlo solo. Iba a ser mala y egoísta por una vez y si todo el mundo quería que me suicidara les iba a dar la contraria, solo para fastidiar. Esas dos razones ridículas me hicieron cerrar la ventana y no volver a abrirla.

Sin embargo había descuidado mis notas, solo iba a danza y me pasaba los días jugando a un mundo virtual, soñando con ir a la playa y leyendo. Calmaba los gritos de mi madre escuchando el sonido del vacío de una caracola. Empecé a suspender una.

El perro estaba sufriendo tanto que nos recomendaron sacrificarlo, a lo que yo me negaba rotundamente. Lloraba e implorara que esperaran a que se muriera de viejo, pues sin él yo no tenía nada. Estaba siendo egoísta, pero lo necesitaba y aún no estaba preparada para quedarme sola. Decidieron llevarlo a un albergue en otro pueblo donde podía pasar sus últimos días. Mi abuela quedó encargada de llevarlo y no me avisaron. Cuando me di cuenta que no estaba, se me partió el corazón. Notaba un dolor como si me hubieran atravesado con una espada. Empecé a gritar:

—Lo habéis matado, me habéis engañado. No, por favor, devolvédmelo. ¡Por favor!

No me dejaron ni ver el cuerpo para despedirme. Estuve un mes llorando todos los días, no conseguía parar ni cansarme.

Era verano. Decidimos ir todos juntos, por recomendación de la abogada, de vacaciones a Murcia para desconectar del divorcio. Mi madre y yo presentimos que si conducía mi abuelo habría un accidente. Así que mi madre decidió conducir sola todo el trayecto. Cuando estábamos llegando a Majadahonda, a mitad de camino, mi abuela obligó a mi abuelo a ponerse al volante. No estaba en condiciones por las pastillas y el tratamiento. Mi madre, mi abuelo y yo nos negamos, pero mi abuela se empeñó:

—Así sirve de algo.

No pasó media hora cuando íbamos mi abuela y yo mirando por la ventanilla, hablando cuando de repente mi madre gritó:

—¡Cuidado!

El tiempo se paró. Miré hacia adelante y el coche se estaba desviando de la carretera en dirección al arcén contra un camión, mientras mi abuelo trataba de recuperar el control. Yo miraba a mi madre, me abalancé sobre ella para protegerla en vez de agacharme y cubrirme las piernas como siempre me enseñó. Nos dimos contra una furgoneta que se acababa de aparcar detrás del camión. Se reventaron los cristales y mi madre casi se clavó el chasis del copiloto; suerte que tuvo el reflejo de girar la cabeza en el instante en que se desprendió. Yo, en cambio, estaba llena de cristales clavados en todo el cuerpo. Saqué a mi madre del coche mientras les gritaba a los que pasaban mirando: su curiosidad morbosa me daba rabia.

Cuando llegó la ambulancia pedí que revisarán a mi madre, que a mí no me hacía falta.

—Eres tonta, deberías dejar que te atendieran —me dijo.

—Me importas más tú.

—Yo no he muerto porque Dios no lo quiso. Ha sido culpa tuya y de tu abuela, estabais atrás distrayendo en vez de estaros calladas. Esto es culpa tuya.

Marchó la ambulancia. Dimos gracias a la furgoneta por haber estado detrás del camión y haber frenado el choque. Nos acercaron hasta una gasolinera y nos propusieron o coger un coche que nos llevara de vuelta a Asturias o seguir a Murcia.

Mi abuelo había perdido el control intentando esquivar un coche que iba a más velocidad de la debida.

—Esto es culpa de tu padre que nos sigue, sabía que veníamos. Ese coche negro que nos sacó de la carretera seguro que era él.

—Vámonos a Murcia, mamá. Que este viaje no haya sido en vano. Yo te ayudo.

Mi abuelo se pasó el viaje de vuelta hiperventilando, sin poder respirar, había sido mucho para su estado. Mi abuela iba riñéndole y pegándole atrás, mientras yo ayudaba mi madre a conducir un coche que no conocía. Ella también estaba en ataque de ansiedad.

—Ya verás mamá, tú puedes, eres genial, creo en ti. Yo estoy aquí contigo y te voy a ayudar —le decía.

Ella continuaba:

—Ha sido culpa tuya, si hubierais estado calladas. Por favor, dile a tu abuelo que pare de respirar, que no me centro.

Con la mano izquierda ayudaba a mi madre con el pulso al volante y las marchas, con la derecha tenía cogido a mi abuelo para que se tranquilizara.

Cuando llegamos limpié el porche como hacía mi padre. Mi abuela metió a mi abuelo en la cama entre puñetazos, mientras le recriminaba el accidente.

En el momento en que nos estrellamos algo cambió en mí: me di cuenta de que tenía que coger las riendas de esa familia, que me necesitaban. Dejé de estar deprimida y llorando —no podía estarlo— y me propuse ser la figura que faltaba desde que mi padre se había ido.

Mi madre intentaba ayudar a mi abuelo con el seguro del coche. Mi abuela pasaba de ayudar, cogían desde temprano y se iban a la playa. Mi madre se desesperó, le dije que descansara y disfrutara de Murcia mientras yo me encargaba de todo.

Acabé de limpiar el jardín, hablé con las aseguradoras, fui con mi abuelo a dejar el coche de alquiler, solucioné la vuelta a Asturias en autobús.

Después de dos semanas desde el accidente, cuando solucioné todo, empecé a quitarme los cristales clavados en las piernas y en la cabeza, que ya se me estaban cubriendo con piel.

Capítulo 5

La mochila

Hacía mucho tiempo que no escribía en el diario, pero como sentía un vacío muy grande desde que ya no estaba mi perro, retomé la escritura y empecé a dedicarle los textos a él, pues me hacía sentir que aún podía comunicarme con él. Me imaginaba que me observaba, me cuidaba y me protegía.

Mi madre estaba pasando una depresión: no comía, solo dormía y había cogido la baja porque ya no le hacía feliz dar clases. Era mi culpa, yo le había fastidiado el trabajo al no hacerme respetar, no tenía que haber ido al mismo instituto. Ambas pensábamos que era mi culpa.

Antes de quedarse de baja, mi madre me ridiculizaba delante de sus alumnos. A veces, ellos me contaban entre risas:

—Dice que todavía te hace la cama y te viste.

—Es verdad —respondía yo, y en seguida continuaba—. La razón es que dice que no tengo estilo para vestir, siempre voy de negro o prefiero el chándal.

Por las noches ella me dejaba preparada la ropa de Desigual, por lo que luego mis compañeros se metían conmigo y me decían que vestía estrafalaria.

Seguía tratándome bien. Me traía la comida al estudio donde pasaba mis días delante de la pantalla, pero me hacía comer comida pasada, con pelos ya del moho. Yo lo intentaba, pero si lo vomitaba me lo hacía comer del suelo o del váter.

Mi madre había ganado la custodia con el acuerdo de que mi padre vendría a recogerme los findes, pero nunca lo vi. Al principio me ponía mal porque no venía, pero después empecé a cogerle odio y asco. Me dejaba llevar por lo que me decía mi madre. Tenía claro que no me quería y que pasaba de mí.

Ella me decía:

— Si vas con ellos, te quedarás con ellos y nunca más te dejarán verme, empezarán a hablarte mal de mí.

Tampoco mi padre ponía mucho interés o eso hacía parecer mi madre cada vez que me repetía:

— Ni tu padre te quiere.

Ella pensaba que ya estaba vieja, pues le había venido la menopausia pronto. Tenía 47 años.

—Estoy gorda por las pastillas, se me cae el pelo del estrés, siempre me dice tu abuela que tengo cuatro pelos mal cuidados, perdí mi vida con un hombre que no me quería y se fue. Ahora soy vieja, estoy sola y nadie me va a querer. Además, tener un hijo es un hándicap para una relación. Ni mis padres miran para mí. Están todo el tiempo fuera de casa tomando sidras y vinos.

Mi abuela mentía con que estaba en casa y mi abuelo ya no se podía mover y le dolía el pecho siempre, tenía horas en las que no podía respirar por ansiedad. Para mi abuela sus síntomas eran mentira.

Algunas veces mi madre me mandaba a comer a casa de ellos, porque quería estar sola y decía que así se aseguraba de que yo iba a comer bien. Otras veces iba cuando no estaban, para cogerles alcoholes para mi madre o para robarle algunas joyas o ropa.

Mi madre y mi abuela entraban en la casa de la otra y se robaban, luego se daban cuenta que la otra llevaba algo suyo y se mentían diciendo que lo tenían de hace muchos años, y se lo volvían a robar. Era un bucle de muchos años, incluso cuando quedábamos los domingos a comer en casa de ellos con mi padre. Mi abuela también robaba en pequeñas tiendas, conducta que mi madre y mi abuelo no querían que yo viera para que no comenzara a hacerlo por mi cuenta. De todas maneras, no pudieron evitarlo. Me daba nervios y subidón robar algo de un euro o así.

Desde antes de la muerte de Giovannie mi madre empezaba a sentirse fea, deshecha, sin ganas de vivir y pensando que ya había pasado su vida. Yo le repetía:

—Aún te queda la otra mitad, mamá, y ahora tienes experiencia. Sigues siendo muy guapa, yo te quiero.

Se me ocurrió la idea de crearle un perfil en un par de aplicaciones de citas. Tomé una foto en bikini que nos habíamos sacado juntas en el viaje a Canarias y me recorté de ella. Completé sus datos, pero le bajé la edad.

Yo no tenía ningún interés en chicos ni en relación alguna, solo quería ayudar a mi madre a que se pusiera bien y disfrutara la vida.

Rápidamente su perfil empezó a estar en el top de los más vistos y se animó un poco. Mientras yo comía en el estudio, ella estaba en la cocina con el vino y el tabaco que yo compraba para ella, ya que tenía agorafobia y no era capaz de bajar al bar o supermercado de abajo. No me dejaba entrar en la cocina.

—No quiero que huelas el humo, por eso cierro, yo antes no fumaba y reñía a tu padre por ello. No quiero que fumes, prométeme que nunca fumarás.

—Te lo prometo —respondía yo.

Se alegraba al ver que le hablaban hombres y se sentía menos sola. Yo esperaba que así se animara y comenzara a salir de casa.

El primer novio fue Germán, un chaval de metro ochenta y ojos claros. Tenía una casa de campo, era divorciado con un hijo más pequeño que yo. Aunque ya se conocían de antes, porque mi madre le había dado clases, era muy reacia a meter tíos en casa, decía que era por mí ya que no se fiaba de los hombres. Germán nos ayudó a cambiar el titular de las facturas, ya que se hizo pasar por mi padre y eso nos ayudó un poco.

Mi madre estaba tirando de todos sus ahorros y de su pensión para pagar gastos, hipoteca y demás, mientras mi padre cobraba a los inquilinos en mano. Me decía:

—No quiero tocar tu dinero de la pensión, es tuyo.

Nos apañábamos, mi abuelo nos daba dinero con solo pedirlo, aunque por orgullo mi madre no quería aceptarlo. Compartíamos la ropa mi madre y yo y conseguíamos que las profesoras nos dejaran libros de su departamento para no tener que gastar. Seguía llevando aparato, pero mi padre seguía sin reconocer ese gasto. Al final, parecía que tenía razón mi madre: solo quería mi custodia para dejarme con sus padres y no tener que pasarme dinero ni preocuparse por mí.

Yo sabía manejarme con el ordenador y conocía muy bien a mi padre, conseguí entrar en su cuenta de Facebook, donde vimos que mentía de que estaba en casa, pues se había ido a Madrid a ver a una amiga. Mi madre se derrumbó.

Por lo menos lo pasaba muy bien con Germán. Me contaba todo, incluso sus relaciones sexuales satisfactorias. Yo compartía su felicidad, estaba contenta por ella, porque pasara página y se sintiera guapa. Pero nada dura.

Un día Germán nos invitó a su casa a ver Saw. También estaba su hijo, que estudiaba en el mismo instituto que yo y al que yo le gustaba. Como casi siempre mi madre me ridiculizaba delante de ellos. Por la mañana, en el desayuno, de repente el hombre se enfadó.

—No sorbas el cola cao —le dijo a Cris, su hijo—. ¿No ves que estamos con gente fina? No seas burro.

No habló más y se sintió una tensión en la mesa. Cuando llegamos a casa, horas después, Germán cortó con mi madre alegando que ellos eran unos burros y nosotras éramos distintas. Le dijo que no pegábamos y que se había terminado.

—Como suspendas a mi hijo por esto te denuncio —agregó, antes de colgar la llamada.

Me pareció fatal. Mi madre estuvo llorando días. No sé por qué decidió mandarle una foto de otro tío buenorro. Germán se enfadó y le contestó a mi madre que estaba fatal. Yo vi el mensaje antes que ella, eliminé el chat y lo bloqueé para que no sufriera, pero ella se dio cuenta de noche, se enfadó conmigo y dejó de hablarme.

Al día siguiente nos vengamos de mi padre poniéndole en una página de citas buscando novio, poniendo que era gay. Le llamamos Espinete porque mi madre se reía de su nuevo pelo engominado. Nos reímos mucho, dimos el móvil a muchos hombres para que le llamaran. Según mi madre él se había alegrado por la muerte del perro y se reía de nosotras. Todo lo que ella me decía alimentaba mis ganas de jugarle una mala pasada.

Mi madre decía que yo era su mejor amiga, y ella la mía, y en parte era así. Me contaba sus historias de la juventud, sus viajes, sus ligues, seguíamos jugando juntas de vez en cuando, salíamos de compras cuando ella podía. Todas las semanas bailábamos y cantábamos en casa desde el alma. Me encantaba verla así. A veces también dormía con ella, aunque ella tenía muchas pesadillas que la hacían gritar y tirarme fuera de la cama. También acabé haciendo de madre, ya que ella se había reinventado en una quinceañera que buscaba el apoyo de su madre y no lo tenía, así que decidí cuidarla como si yo fuera su madre. Nos teníamos la una a la otra. Siempre decía:

—Nosotras somos fuertes, podemos solas y no necesitamos a nadie.

El último día de particular de matemáticas en el verano, quedé con Daniel. Quería decirle que me gustaba y por fin haber besado a un chico con catorce años. Nos despedimos y no me dio ni dos besos. Después de todo, nos habíamos distanciado. Él siempre se había llevado bien con mi padre y se seguía hablando con él. Cuando enteró que yo le decía a la gente que estaba muerto, se enojó y me dejó de hablar. Pero eso era lo que me mandaba decir mi madre y yo no me lo cuestionaba.

Se me quitaron las esperanzas de todo. Recuperé matemáticas y mi madre daba saltos de alegría. Pero no quería empezar el siguiente curso y que 36 personas de clase estuvieran metiéndose conmigo cada minuto de cada día.

Como había suspendido una, me habían movido con otros 6 a la clase de delincuentes que apenas se interesaban por los estudios. Seguían metiéndose conmigo.

Mi madre había perdido la fe en la humanidad y en Dios, decía:

—Si Dios existiera no permitiría que pasáramos por estas cosas.

Yo también me estaba replanteando la fe católica. No tenía sentido que un animal, que sentía y era más consciente del daño que otras personas, no estuviera en el cielo.

Y había más cosas que no tenían sentido, como muchos devotos que después de misa se metían conmigo. Para mi abuela estábamos endemoniadas si ya no rezábamos por la noche.

En medio de mi crisis existencial, ese año también seguía suspendiendo. Lo único que quería era irme de Mieres, y de casa, y meterme en el ejército, ya que pensaba que era lo único que se me daría bien (como decía mi madre, "solo sabes acatar órdenes"). Empecé a entrenarme todas las noches en casa, contaba en el diario escolar los días que faltaban para cumplir los 16 y pasar las pruebas.

Como seguían metiéndose conmigo, aun cuando tenía que hacer los recados que mi madre no podía hacer cuando le daba fuerte la agorafobia, mi madre decidió mandar a un alumno de curso superior, Michi, a recorrer la ciudad conmigo para amenazar a los de mi curso. Se inventaba que era mi primo y les decía a todos que no me tocaran. Esto lo hacía a cambio de regalos que le hacía mi madre; cosas que eran de mi padre, pero no las había cogido al irse de casa. A mí me gustaba el chico, porque me hacía sentir protegida, pero mi madre me quitaba la ilusión diciendo que él andaba por ella.

Mi madre se iba deshaciendo poco a poco de las cosas de mi padre, de lo que tenía guardado en las cocheras, como sus cuadernos de la infancia que me daba pena tirarlos. La ropa que quedaba en casa se la iba a dando a los novios que iba teniendo.

En algunos de estos desalojos de cosas ayudaba mi abuelo, porque como decían mi abuela y ella, "así vale para algo".

Un día al volver del instituto con mi madre, teníamos una bala encima de la mesa de la cocina:

—Tu padre nos está amenazando —dijo asustadísima.

Me metió en la cabeza que mi padre quería hacerme daño. Comencé a tener miedo de él, de que nos pegara un tiro si mirábamos por la mirilla del descansillo, cada vez que le tocaba venir a buscarme mi madre me avisaba y yo escapaba en el instituto por la puerta del patio. Si me llamaba, mi madre me decía lo que tenía que decir, poniéndome siempre a la defensiva y cortante con él. Mi padre intentó hablar con el director para verme, a él le caía bien mi padre, pero mi madre se enteraba y lo evitábamos.

El director, ya sea por ser amigo de mi padre o por quejas de los alumnos, decidió prohibir a Michi que volviera a quedar conmigo a cambio de no expulsarle del centro.

Aún así el director no permitía que se metieran conmigo dentro del centro y fuera de él. Como una vez que me amenazaron con pegarme a la salida, le avisé y nos reunió en su despacho. Sacó una foto y le dijo a la chica:

—¿Sabes quién es esta? Esta eras tú en primero pidiéndome que no se metieran contigo, ¿no te acuerdas? Porque yo sí y se lo puedo recordar a los demás, que ahora vas de chula y me suplicaste ayuda para que te dejaran en paz.

Mis únicas salidas seguían siendo con mis abuelos a beber, un poco, ya que mi abuela quería beber con alguien y mi abuelo no podía, delante de él se enseñaba a los paisanos. No querían saber nada del divorcio ni mi madre de ellos. Mi abuela quería encerrar a mi madre en un psiquiátrico y no quería saber más de ella. Decidimos pasar las navidades juntos como de costumbre en casa de mi abuela. Íbamos sin ganas, en chándal y sin peinar. Empezamos hablando de las clases de matemáticas que apenas me servían y que estaba suspendiendo casi todas las asignaturas de ciencias. Empezaron mi abuela y ella a discutir sobre si ella había necesitado clases particulares. Mi abuela aseguraba que sí, y mi madre estaba empeñada en que no era verdad y se lo estaba inventando. Se sumaron reproches del divorcio y otras cosas atrasadas, como el bullying que había recibido mi madre o las palizas que le habían dado mis abuelos, que mi abuela no reconocía.

—Vámonos Carla, no teníamos que haber venido —dijo mientras se levantaba.

—SIÉNTATE AHÍ.

La cogió del pelo y la sentó.

Mi madre consiguió volver a levantarse y salir de la cocina. Estaba en el salón, mientras yo seguía sentada procesando como habíamos llegado a ese conflicto.

—Cógela, Pedro, que no marche—dijo mi abuela.

Mi abuelo la tiró al sofá, le cogió los dos brazos, mientras mi abuela fue a la despensa a por una escoba para darle con el palo. Empecé a llorar, mi madre tenía razón con lo que me había contado. Estábamos todos enfermos. Si mi abuelo hacía una hora ni se movía y se le caía la baba, era grotesco ver eso en la oscuridad. Su frase me retumbaba mientras lo veía: "de niños maltratados salen padres maltratadores". Me levanté. Intenté quitar a mis abuelos de encima de mi madre, que parecía una niña pidiendo auxilio. Llorando les supliqué:

—Por favor, parad, dejadnos marchar.

—De aquí no os vais a ir. Es mi hija y hará lo que yo le diga. Tú eres mi nieta y te cuidé como si fueras mi hija. Estos pasaron de ti, nada más nacer te dejaron con nosotros, a ti y al perro. Vais a dejaros de depresiones y mierdas.

¿Qué hice para que dejaran de pegar a mi madre hasta dejarla inconsciente como me había contado? Fui a la cocina a por los cuchillos más grandes que había y apuntando a cada uno de mis abuelos en el salón y les repetí:

—Dejadla por favor, no me obliguéis.

—Ay, por Dios, que esta tiene cuchillos, Pedro, están locas.

Se apartaron en el ángulo correcto para dejar a mi madre escabullirse del sofá.

—Carla, ¿qué haces? ¿Estás loca?

—No voy a dejar que te den una paliza delante mía. Ponte detrás y tira por el pasillo.

—Deja los cuchillos, Carla, por favor.

Mi abuelo estaba llorando, había vuelto a ser el de siempre.

—Por favor, no lo hagas más difícil —me decía mi madre.

—No, no los dejo hasta que salgamos por esa puerta.

Cuando llegamos a abrir la puerta, que gracias a Dios no estaba cerrada con llave, mandé a mi madre que llamara al ascensor.

—Te vas a arrepentir de esto. Óyeme lo que te digo —decía mi abuela.

Cuando salimos del portal yo estaba muy segura de mí misma y de haber protegido a mi madre. Ella estaba temblando:

—¿Pero qué acabas de hacer? ¿Cómo se te ocurre?

—No podía seguir viendo cómo te pegaban ante mis ojos sin hacer nada.

Llamó a Germán esa noche, volvieron a quedar y a llevarse bien como amigos.

Mi madre no quería meter hombres en casa ni quería dejarme a solas en casa por ley. Tenía que quedarme en casa de mis abuelos. Mi abuela me llamaba con cariño "pollita", que se usa para referirse a una chica que está en plena adolescencia y volviéndose mujer. Salíamos juntas a beber, cotilleábamos de la gente conocida y le contaba lo que hacía mi madre ocultando que bebía y fumaba.

—Yo no quiero que salga por ahí con tíos. Lo que tiene que hacer es volver con tu padre —decía mi abuela.

No me pegaba, pero seguía pegando a mi abuelo. Cuando me pedía ayuda le intentaba coger los brazos como había visto a mi padre.

Mi abuelo me decía:

—No quiero salir, Carla, dime que me deje tranquilo. Ay, por favor, que me deje. Llevátela.

—Tranquilo —le decía yo, mientras él se volvía a echar y se ahogaba de ansiedad y lágrimas.

El corazón no le estaba yendo bien.

Yo estaba empezando a sentir también ese dolor punzante que viene sin más y se queda un rato como si se te encogiera la parte izquierda del pecho. A sentir que no me entraba el aire a veces.

—Salgo yo con ella, no te preocupes —le decía.

Salía con ella a dar un paseo y a la sidra. En Asturias era legal beber a los 16 años y en ese pueblo se bebía a los 14. A los 12 la mayoría de chavales entraban en todos los pubs, cada poco había redadas aunque lo sabían de antes.

—Es tu responsabilidad. Tienes que encárgate de tu madre. Ella no rige. Tiene toda la vida por delante —me decía mi abuela.

—Haré lo que pueda.

—Y que vuelva a la iglesia.

Mi madre no creía del todo, pero le seguía rezando a Dios y le pedía que me fuera de ahí y que sus padres le hicieran caso.

Me quería tanto como me odiaba, entraba en la habitación o en cualquier sitio y me pegaba por parecerme a mi padre. Cuando estaban mis padres juntos, esos episodios de locura y ansiedad eran por la noche, pero ahora eran por la tarde. Luego se dormía y se despertaba de madrugada vomitando; me decía que era por las pastillas.

Seguía despreciándome y diciéndome que era una víbora, una sanguijuela, que era el demonio y que chupaba las energías de todo, que todo lo que yo tocaba se convertía en mierda, que por eso estaba sola y con todo el mundo tenía problemas.

Quitó los pestillos de las puertas y rompió las cerraduras para que no se pudieran cerrar del todo. A veces me giraba y veía un ojo ensangrentado mirándome, listo para abalanzarse sobre mí y tirarme al suelo. Mi pecado, como decía Calderón de La Barca, era haber nacido. Ese poema me regaló mi madre en la comunión y me lo aprendí con entusiasmo porque a ella le encantaba.

Pasaba tantos días sin hablarme que quería que me mirara o que tuviéramos algún tipo de contacto. Yo me culpaba por no haberle permitido divorciarse antes y por parecerme a mi padre. Me cortaba para sentir algo, me gustaba sentir dolor. Mi abuela me seguía abrazando, pero me parecía raro después de todo lo visto.

Yo empecé no solo a acostumbrarme a las palizas, sino a quererlas. Cuando mi madre se transformaba y veía que me iba a atacar, notaba una tensión que deseaba que acabara de una vez. No servía de nada ponerse en posición fetal, o haciendo el erizo contra una esquina. Tenía que dejarme, abrirme los brazos del pecho y levantar la cabeza. Así que si no me oponía pasaba rápido. Sólo había una cosa de todo lo que me hacía mi madre que me daba miedo: cuando me decía que abriera las piernas y me daba una patada. Me gustaba la sensación después de las patadas y puñetazos con todo el cuerpo entumecido y relajado.

El maltrato psicológico lo llevaba peor. Me agarraba de los pelos para levantarme del suelo después de haberme pegado y me ponía delante del espejo.

—Mírate como eres. He dicho que te mires, zorra.

Si no lo hacía me daba una hostia, pero me daba miedo abrir los ojos o levantar la cabeza y verme roja, llorando, con el pelo alborotado y deshecha mientras mi madre me cogía del pelo y me seguía pegando.

—Llora, llora más fuerte. Que nadie va a venir ayudarte. Mírate que pena das, bicho.

También prefería los golpes a que me echara de casa. No podía ir con mis abuelos, no me dejaba ni ellos querían problemas, empecé a pasarme tardes y noches en el portal hasta que mi madre me dejaba volver a casa y quitaba la llave de la cerradura. Más tarde me quitó el privilegio de poder estar leyendo en el portal o durmiendo ahí.

—No seas tonta, que se enteran los vecinos.

Cambié a la casa del monte de mi bisabuela ya que hacía mucho que mi abuelo no iba por ahí. No tenía electricidad, pero me sentía acompañada por los bichos, arañas e insectos; así me sentía menos sola. No entendía por qué a mi padre le dejaba volver a casa y yo, que no había hecho nada, me tenía que quedar fuera.

También me acostumbré: solo tenía que llevar mis libretas, una muda, algo para curarme y algo de emergencia. Además había una fuente cerca, no estaba tan mal. El problema fue cuando me quitó las llaves, pero pude seguir yendo, ya que saltaba la valla y me colaba por el primer piso.

Estuve así unas semanas, hasta que la vecina a la que mi abuelo le había dado parte del terreno se enteró, llamó a mi madre pensando que era un ladrón y me prohibió subir cuando me echara. Mi último sitio fue la cochera de mi abuelo. Ya no estaba el coche desde el accidente, así que tenía mucho espacio, mis bichos, una ardilla disecada y recuerdos de mi abuelo. Olía a meado porque no tenía baños, pero estaba a techo y no se inundaba.

Al día siguiente iba al instituto tan tranquila, bien peinada y aseada. Me encontraba con mi madre, que había vuelto a trabajar. La miraba y esperaba a que se girara y me hablara.

—Vuelves conmigo al salir —me decía, viéndome con desprecio y la barbilla alta para mirarme lo menos posible.

—Recibido.

No me preguntaba dónde había pasado la noche. Con que no se enteraran los vecinos de que no me quería en casa, le valía, y a mí tampoco me venía bien decirlo a los demás.

Yo no lo sabía pero seguía depresiva, solo que en vez de querer suicidarme, esperaba un apocalipsis o un incendio del que rescatar a mi madre para que viera que la quería y que estaba dispuesta a dar mi vida por ella. La ayudaba y le hacía detalles con el dinero que ahorraba, ya que no gastaba saliendo por ahí, o le compraba chuches en el kiosco. Quería que saliera con alguien de casa a vivir su vida.

Se fue en carnaval a León con Germán. No sé cómo lo supo mi padre, pero a la vuelta del finde se encontraba asustada. Me dijo que mi padre se encontraba ahí con una rubia disfrazada de policía sexy y los estuvieron acosando. A mí me parecía mucha coincidencia, pero no entendía qué había pasado realmente.

—Se lo has contado tú —me acusó—. Sino ¿cómo se iba a enterar?

—Pero si yo no me hablo con él, menos si no estás tú.

—Mientes —aseguraba mi madre.

Evidentemente me cayó una paliza común en el estudio, y los siguientes días también por la misma razón. Ponía a mi padre de malo, me pegaba por lo que él le había hecho, así que empecé a coger mucho odio a mi padre.

Empecé a hacer judo para defenderme y defender a mi madre de mi padre y de los demás. Mi abuela puso los veinte euros para el judogi ya que mi madre no quería pagarme nada y mi padre no contribuía con su parte. Habíamos dejado el coro ya que después de muchos años no teníamos reconocimiento ni mi madre ni yo. Intenté meterme en espada coreana, pero era muy caro el uniforme. Seguí haciendo danza moderna, me encantaba ensayar y bailar delante del espejo, el ambiente entre las cuatro chicas que participábamos era tranquilo. Estaba todo el tiempo en el ordenador, me había empezado a interesar por el gore, lo gótico y el anime.

Pasaba completamente de los estudios. Estaba arrastrando asignaturas de dos trimestres y ni me importaba. Me junté con los que suspendían. La amiga Elena, que se había metido conmigo los dos primeros años se reía.

—Nunca pensé que tú me pedirías copiar de lo mío —me decía, y estallaba en carcajadas.

Yo también me reía, me parecía todo una paradoja, no atendía ni estudiaba pero seguía leyendo y era consciente de que era masoquista. Me gustaba llevarlo en secreto y que no me pillaran.

Un día se me ocurrió decirlo al grupo de cinco marginados que éramos. Lo dije sin más, con miedo y quitándole importancia.

—Mi madre me pega y me echa de casa.

—¿Luz? ¿Qué dices?

—Es imposible, no inventes —me dijeron—. Con lo buena que es ella con nosotros.

Lo discutimos un poco y me dejaron de hablar, excepto Elena, que me miró con los ojos entreabiertos de reojo. No hice bien la jugada.

Capítulo 6

Despertar

Mi abuela me decía que ya no tenía brillo en los ojos. Quedaba un trimestre y ya arrastraba dos. Me di cuenta de que seguía en depresión, a pesar de que tenía fuerzas y energías para ayudar a mi madre, como no hiciera algo iba a repetir.

—Carla, tú no eres así, no eres de las que repites —decía mi madre.

Le daba vergüenza y se apenaba, lo achacaba al divorcio y a mi padre. Al menos eso le decía a los profesores para que no me suspendieran. Ella siempre me ayudaba con las asignaturas, sobre todo con plástica que se me daba fatal, o con trabajos de manualidades. Ella quería que siempre ganara y fuera la primera, incluso en los concursos a los que me presentaba. La mayor parte de las veces ella me hacía los trabajos que presentaba, porque decía que si los hacía yo misma no iba a ser la mejor. Para mí era mentir y, si ganaba, no me sentía bien con el hecho de no haberlo conseguido por mí misma.

A mí me daban igual los estudios. Me iban a sacar del programa bilingüe, me habían pillado un par de veces copiando, no atendía a las clases, ponía un libro de lectura detrás del educativo y me dedicaba a leer todo el tiempo para escapar de mi realidad. Solo quería cumplir 16 e irme al ejército. Era la única oportunidad que veía de irme de Mieres y de casa.

Ya no creía en Dios; creía en lo que decía mi madre. Su frase "Dios aprieta pero no ahoga", más tarde se convirtió en: "Si Dios existiera no permitiría que nos pasara esto".

Empecé a hablar conmigo misma para no sentirme sola: proyectaba una imagen de mí misma y conversaba con ella; sobretodo cuando mi madre me dejaba inmóvil en el suelo. Esa proyección de mí me motivaba, me daba fuerzas para levantarme y seguir.

Reflexioné y entendí que no podía seguir así. Tenía que recuperar el curso si aún se podía, como sea.

Recuperé todo, excepto una asignatura que me quedó por el verano, cosa que a mi madre le decepcionó, pero no me dio muchas palizas por ello.

Seguía con danza y judo. Quería hacerme fuerte por si nuestro enemigo, mi padre, venía a hacernos daño.

Dejé danza antes del siguiente curso. Antes de irme defendí a la profesora que tenía veintipocos años un día en el que habíamos salido todas juntas a comprar unas chuches durante la clase y, en la calle, una chica que debía estar drogada la encaró:

—¿Y tú que miras? —le dijo.

—Nada, solo estamos de paso —respondió ella.

La chica se abalanzó sobre ella, la cogió del pelo y empezó a pegarle. Yo la aparté y le di unas cuantas hasta que se relajó. Metí a mi profe en el portal para que se tranquilizara. Nunca le habían pegado. Tenía la cara descompuesta en lágrimas, estaba en shock.

Fuimos a juicio, la agresora ni se presentó.

—Perdiste un examen y tu amiga solo te invitó a un batido —me dijo mi madre, enfadada.

—Lo hice por justicia y porque Eli estaba sufriendo —le decía yo—. Ya tuve mi recompensa de hacer algo bueno.

Para mi madre simplemente yo era una persona violenta y agresiva, y me recordaría esa incidencia.

Como si me hubiera despertado un día y hubiera decidido dejar un vicio, así decidí cambiar mi rumbo. El 1 de mayo salí de la depresión y me puse las pilas.

Para mí haber suspendido las asignaturas de ciencias significaba que no era buena en ellas, más el tembleque del pulso por el estrés y la ansiedad, me quitó la idea de ser veterinaria en el ejército. Además, yo quería dedicarme a cuidar a mi madre hasta que se pusiera bien, no quería irme a León a estudiar esa carrera.

—Las demás chicas ya empiezan a trabajar para ayudar a sus madres. Tú, que no recibes dinero tu padre, sino que lo pongo todo yo, deberías empezar a trabajar y a cocinar. A partir de ahora te pagarás tus gastos —me dijo.

Así lo hice con 14 años. Empecé a buscar trabajo, pero había pocas opciones, como trabajar en un puticlub. Como había ganado muchos premios por escribir historias en el instituto, me dediqué a buscar por internet páginas donde las pudiera presentar a todos los niveles (provincial, autónomo, estatal e internacional). Creé páginas de chistes y una cuenta en PayPal para poder disponer de dinero aun siendo menor. Hacía encuestas para ganar unos euros. Todo lo que me daban lo ahorraba. Siempre había buscado la oportunidad de hacer dinero, aunque fuera vendiendo pulseras con algunas chicas del barrio. Luego lo utilizaba en tener detalles con mi madre para hacerla feliz, o en algún broche para mi abuela.

Lo llevaba haciendo desde el colegio. Había empezado con 7 años inventándome una empresa de hacer tatuajes con rotuladores en el recreo a 20 y 50 céntimos, Había ido tan bien que había tenido que meter a otra compañera como trabajadora. Mi objetivo era tener dinero para hacerle regalos a mis padres en su aniversario por sino se acordaban de hacérselos entre ellos.

Empecé a hacer más por mi madre. El dinero que yo ahorraba lo usaba ella para comprar vino y tabaco, pero luego me lo devolvía. Le hacía la comida a veces y le intentaba hacer comer, poniendo sonrisas o corazones con la salsa, le hacía presentaciones sobre animales con ultrasonidos e infrasonidos o sobre sitios espectaculares con fenómenos naturales, a ella le hacía mucha ilusión, pero luego se le quitó.

Por el verano mi madre salía con amigas que le informaban los movimientos de mi padre en otro pueblo: si le habían visto, le contaban que hacía, con quién y dónde.

Yo salía de noche con ella, aprovechando que ya estaba desarrollada.

Antes había ya salido de noche con una compañera de danza. No me apetecía mucho, pero mi madre me obligaba a relacionarme.

—Tienes hasta las 11 —decía ella.

—No aguantaré tanto, dame hasta las 9 —decía yo, regateando.

—Tardo más en vestirte, arreglarte y hacer las fotos.

—Hacemos esto, digo que me dejaste hasta las 9 y media, te llamo a las 10 o un poco antes y haces como que me das media hora.

—Hecho.

Me sentía forzada a salir. Me gustaba emborracharme, pero la música y la gente no.

Me encontraba con gente de mi clase que normalmente se metían conmigo. Estando borrachas, me decían:

—AY, CARLAAAA. Con lo maja que eres y lo mal que te tratamos. Vente con nosotras.

No entendía nada, parecían otras personas de noche.

Al final como todas, mi amiga encontró a otra con la que salir a ligar y me dejó de lado. Como siempre, lo hizo por detrás, sin decirme nada. Solo empecé a notar su ausencia y el corte de comunicaciones.

—Hasta la más fea y pringada se ríe de ti —decía mi madre.

Para mí era perfecto, ya no tenía que salir y podía quedarme con mi madre en casa viendo a la gente borracha desde la ventana mientras nos tomábamos un cola cao.

Se empezaron a meter conmigo en el instituto por no tener interés con los chicos, pensaban que era lesbiana, me lo decían tanto y yo era tan influenciable que me lo creía.

Había decidido coger asignaturas prácticas como guitarra. Tenía que ir a todos lados con la mochila y todas mis cosas encima, pues había aprendido a que si la dejaba con las demás desaparecía. Eso no podía suceder, porque ahí tenía la muda y el kit de emergencia por si mi madre no me dejaba entrar en casa o me echaba. A los profesores no les parecía bien que fuera la única que me llevara la mochila, pero yo tenía mis razones.

Elena y yo decidimos ir a electricidad, nos juntamos con los de formación profesional donde solo éramos tres chicas. Ella entró para ligar. Yo entré porque tenía que ayudar en casa: la caldera ya no funcionaba, las persianas no bajaban ni subían, las puertas no cerraban, el techo se caía, la cisterna del único baño que quedaba tampoco funcionaba e íbamos a cubos. Pero no dejaba que nadie de fuera entrara en casa. Quería aprender electricidad para arreglar la caldera. Mientras tanto, mi madre me calentaba agua en una olla y me la iba trayendo a la bañera con cariño.

Con Elena éramos un dúo formado por una rubia regordeta y una morena palillo. El profesor era un señor con la edad cercana a la jubilación —si no la había ya pasado— que seguía dando clases por vocación. Me trataba genial, le tenía cariño a mi madre.

Encontré una nueva motivación: ser famosa para poder ganar mucho dinero y darle un mejor tratamiento a mi madre para la depresión. Ese era mi sueño; cuidarla toda la vida.

Así fue que me metí en teatro. Los alumnos del grupo estaban reacios al principio, pues ya que la mayoría rondaba los 30 años y yo aún no tenía ni 15 años, pero finalmente me dejaron entrar. Una vez que ingresé, descubrí otro mundo. Esa gente me trataba como a una más, y entendí que era madura para mi edad y por eso no hacía amigos en la escuela.

Seguí en judo, con un traje que me pagó mi abuela. Empecé a trabajar en Herbalife y de comercial en una editorial, pero no valía para vender algo a alguien. Luego, gracias a que vinieron los de la delegación de fútbol al instituto buscando nuevos árbitros jóvenes, conseguí mi primer trabajo.

Mi vida se había convertido en estar fuera de casa el mayor tiempo posible sin tener que estar en la biblioteca resguardada. En teatro podía vivir mis emociones abiertamente. Algunos compañeros me preguntaban cómo hacía para llorar tan real.

—Pienso en la muerte de mi perro Giovannie —contestaba yo.

Podía vivir experiencias y empatizar sanamente, creerme otros personajes con historias ajenas a mí.

Con el judo me volví más fuerte a las palizas de mi madre.

—Al principio caerás 200 mil veces, después de unos años te caerás 150 mil, en eso consiste —decía mi sensei.

Había tenido mucha suerte, se portaba muy bien conmigo. Sabía que era rara pero buena, así que me cuidaba y me explicaba las bromas, ya que me costaba entender las mentiras, la ironía y el sarcasmo. Empecé a verlo como un padre que me enseñaba con cariño y paciencia.

Veía a mi madre como a una niña que necesitaba ser ayudada y protegida. Empezó a salir con un nuevo chico que había conocido por la página de citas. Se llamaba Manu, era un pintor divorciado que tenía un hijo que vivía en Avilés. Lo raro era que cada vez que quedaba con él, coincidía que mi padre estaba en el mismo lugar.

—Sabía que iba a estar en el Bambara, que era nuestro sitio y me siguió. Nos empujó y se metió con nosotros. Tuve que llamar a la policía —me contaba ella llorando.

—Mamá, ¿y si no sales por los mismos sitios? —le contestaba, firme.

Pasó en más ocasiones y en distintos sitios. El divorcio había llegado a órdenes de alejamiento y el proceso aún no estaba concluido.

Mi madre ya estaba preparada para coger otro perro. Quería a un perro que le defendiera por si venía mi padre a atacarnos.

El 11 de noviembre de 2013 fuimos a la perrera, yo estaba reacia porque sabría que lo tendría que cuidar. A mi madre le molestaba mi actitud y se metía conmigo delante de las cuidadoras. Yo quería llevarme a un perro que se parecía a mí. Le dábamos comida y los demás le pegaban para quitársela, parecía muy débil. Mi madre prefirió un perro de caza francés, raza grifón nivernés, asustadizo.

La cara de mi abuela cuando entramos con él en su casa y saltaba sobre los muebles moviéndolo todo, no tuvo precio. Se llevó las manos a la cabeza y empezó a gritar:

—¡Lo que nos faltaba! ¿Y pretendes que cuide de él? Tú no estás bien de la cabeza. Y tú Carla, ¿cómo le permites que adopte a este animal? —me gritaba.

—Primero, porque yo no soy su madre. Eres tú la que tendría que estar con ella y darle apoyo en lugar de ponerte del lado de mi padre. Segundo, yo quería coger a uno que no va a sobrevivir.

Seguía reacia, yo no quería tener que ocuparme de otro ser vivo.

—El psiquiatra me dijo que me vendría bien para salir de casa —decía mi madre.

A la semana ya lo tenía que sacar yo tres veces al día. Una hora por cada paseo, ya que al ser una raza de caza tenía que cansarse. Yo no quería que el perro me quisiera, pero no pude evitarlo. Tenía miedo cuando iba al baño o no me veía cerca por miedo a ser abandonado.

Normalmente cuando mi madre salía, ella me dejaba en casa de mi abuela, pero la última vez a mi abuela le había dado un ataque y se había abalanzado sobre mí dándome puñetazos en el cráneo. Mi abuelo ya ni se enteraba, estaba muy sedado por las pastillas que le daba mi abuela.

—Yo no pedí tener que cuidar de ti y del perro moribundo. Que se hubieran hecho cargo tus padres —me decía mi abuela, mientras me pegaba—. Y ahora encima me traen a este animal. Si no te querían tener, no te hubieran tenido.

Después de esa vez en que mi abuela me pegó, volví a casa, me tiré en la alfombra de la entrada e intenté calvarme un cuchillo por debajo del ombligo. Había sido un colapso mental que mi abuela también me pegara.

Por suerte ni para eso servía y el cuchillo se dobló.

Cuando mi madre llegó y me vio tirada en el suelo tomó la decisión de dejarme en casa o llevarme de vez en cuando con ella cuando salía con su pareja. Me ridiculizaba delante de él y su hijo, pero yo igual agradecía las salidas y la compañía.

Después de la primera semana de judo, me llamó Manu.

—Sé lo que haces a tu madre y no te lo voy a permitir —me increpó.

—Perdón, no sé qué me quieres decir —dije desconcertada.

—Como la vuelvas a tocar, prepárate.

—Perdón, pero creo que te confundes —le dije.

—Sé que le hiciste una llave de judo, y la tiraste al suelo, que no te controlas y la estás maltratando.

—Las primeras dos semanas solo te enseñan a caer para que no te hagas daño —atiné a responder.

Le intenté hacer ver por varias formas que yo no le pegaba a mi madre, pero después me quedé inmóvil. No me podía creer que después de todo lo que yo había aguantado se inventara que le pegara, pero como solo se lo había dicho a él, no le di importancia. Empecé a quedarme sola en casa cuando ellos salían. Ese año celebré delante de la tele nacional la nochebuena y la noche vieja comiéndome una pizza. Era feliz en esos momentos.

Teníamos miedo de que mi padre supiera que estaba sola en casa y nos denunciara. No me hablaba con él por miedo.

Mi madre se había inventado muchas veces que yo estaba en el hospital, violada o lesionada, y mi padre pasaba de contestar. Así demostraba mi madre que a él no le importaba. Yo no quería que se inventara esas cosas innecesariamente.

De las peores cosas que me habían pasado ese año, la más grande fue cuando mi madre amonestó a alguien por tocarle el culo. Me recriminaron a la salida de clases para ir al recreo.

—¿Por qué tu madre amonestó a Raúl? —me dijo una chica a la que le faltaba un brazo.

—No lo sé, lo que haga mi madre no es cosa mía. Si lo hizo será por algo, la lleváis tiempo acosando por redes y hasta casa —le dije, seria.

—A que te meto una hostia —me dijo amenazante.

—¿Con qué brazo, con el que no tienes?

Ya no pasaba una, estaba harta y se armó. De camino a la biblioteca vino a por mí una amiga suya con un grupo más numeroso.

—Pero, ¿cómo le dices eso? ¿acaso te parece bien lo que hace tu madre? —me dijo, levantando los brazos.

—Por lo menos yo tengo madre, no como tú.

A la pobre chica se le había muerto el año anterior.

Me fui tranquila y segura a la biblioteca. A los diez minutos entró un chaval gritando:

—Carla, ¿qué has hecho? Tienes a todo el instituto esperándote fuera.

No exageraba para nada. Todo el instituto estaba esperándome. Ocupaban el pasillo de salida de la biblioteca y audiovisuales, hasta la entrada y las escaleras que llevaban al siguiente piso.

—Uff, ¿y cómo salgo de aquí?

Sabía que no saldría ni de ese pasillo antes de quedarme bajo una montaña de patadas.

En ese momento apareció otro chaval que sonreía debajo de una gorra.

—Hola, ¿eres Carla? Soy Alberto, vengo de parte de Luz para sacarte de aquí.

—No sé cuánto te habrá pagado por la escolta, pero de aquí es imposible salir —le dije.

111

Se rió a carcajadas.

—Confía que a mí no me van a pegar —aseguró.

Tenía razón. Cruzamos el pasillo, con su brazo agarrándome por el hombro. Todos nos miraban mal, pero nadie se atrevió a tocarnos.

Parecía todo volver a la normalidad. Sin embargo, por la tarde, me enteré por redes sociales que preparaban una huelga para sacarnos del instituto a mí y a mi madre.

—Solo son cuatro guajas, ni te preocupes —me dijo mi madre cuando se lo enseñé.

Al día siguiente todo el instituto estaba con pancartas.

Nos llamó el director.

—¿Qué os pasa últimamente? —nos dijo enfadado.

—Estamos cansadas de que se rían de nosotras —replicamos.

—¿No puedes aguantar dos años que te quedan? —me dijo—. Y tú, Luz, ¿no puedes pedir traslado?

—No quiero, llevo toda la vida dando clases aquí y mis alumnos siempre me adoraron —decía ella.

—Eso no es verdad, tenemos quejas de alumnos que dicen que no das clases y hablas de tu vida —respondió el director—. Os voy a ser claro. No echo a Carla porque es aplicada y se apunta a todos los concursos y clases extras.

—Y a mí por antigüedad —añadió mi madre.

La miró seriamente, y le dijo:

—Te voy a mandar inspectores todos los días.

—Muy bien.

Desde ese día dejó de dar clases y se metió en la cama. Había sido un error meterme en su instituto. Había echado por tierra lo único que le quedaba.

En el instituto un grupo de chicas gitanas me habían encontrado muchas veces en el baño llorando y se apiadaron de mí. Comenzaron a escoltarme a casa.

Mi madre convenció al jefe de la Policía de Mieres que mi padre la estaba acosando y que no podíamos volver a casa seguras por él y por el acoso que recibíamos de alumnos. Por las mañanas empezó a venir un coche con dos policías a esperar a que entráramos. Cuando salíamos a veces había dos coches.

—Solo hay dos formas de hacer que te dejen en paz, dar miedo o hacerte la loca —me aconsejó mi madre.

Opté por la segunda. Ya era rara.

Decidí sacarme el curso de árbitro. Seguía con judo y también salía en bici para escaparme de casa a la naturaleza. Algunas veces, incluso, hacía los catorce kilómetros hasta Pola, a ver si veía a mi padre.

El estar recién salida de la depresión me estaba motivando a dar lo mejor de mí, a enfocarme en unos objetivos y buscar razones por las que vivir.

En casa solo estaba en el ordenador, pero siempre hacía los recados de mi madre, como cruzar la ciudad a por notificaciones de los juicios, ir al banco a gestionar ingresos o sacar a Rocco e ir a comprar la botella de vino y el paquete de tabaco que mi madre consumía a diario. Eso molestaba a mis compañeros.

—Te estoy enseñando a ser independiente —decía mi madre.

Cuando hacía judo aprovechaba a ducharme con agua caliente. Llegaba, hacía la cena a mi madre, sacaba a Rocco una hora, a las doce me hacía mi cena, preparaba cortos y monólogos para las actuaciones de teatro y estudiaba el manual de la FIFA antes de dormir. Me acostaba a las dos o tres de la madrugada. Una o dos horas antes de ir a clase me despertaba para hacer los deberes en la cama. Así podía llevar una vida de cuidar a mi madre, trabajar y estudiar.

Había conseguido sacar el teórico, me quedaba el práctico. El deporte que peor se me daba era correr en resistencia.

Finalmente, saqué las pruebas a pesar de estar mala.

Cuando llegué a casa fui muy emocionada a contárselo a mi madre en su habitación.

—Ay, yo pensaba que no las ibas a sacar —dijo, riéndose.

No entendía porque a veces se sentía orgullosa y otras no confiaba en mí y me despreciaba.

Fui la única y de las primeras mujeres en ser árbitro en un pueblo en el que me pegaron por jugar al fútbol. Lo había sacado, pero no estaba preparada para ejercer.

Empecé a salir de noche con dos amigos de teatro: Aiti —un rubio de larga melena, hippie y pequeño— y Vity —un chaval alto y grande que era guardia civil de baja, pues había entrado por enchufe y tenía depresión—. También hacía judo con él. Ambos tenían treinta y tantos. Tenían tiempo libre y yo no quería estar en casa más que para dejar las cosas hechas a mi madre y a Rocco. Nos hacíamos llamar el trío calavera.

El mundo de fantasía que el teatro me había abierto me encantaba. Varios compañeros de teatro íbamos a cenas temáticas disfrazados y a mi madre le hacía mucha ilusión vestirme.

Ellos me habían enseñado a divertirme de otra manera, me mostraron música que podía vivir y sentir dentro de mí. Aiti me había mostrado el budismo, una filosofía de vida sin Dios que consistía en que éramos energía y dábamos amor a todo el mundo. Estuvo en el Tíbet y acababa de volver. Empecé a adoptar esa filosofía de vida en la que queríamos a todos los seres, incluidos animales. Sin cielo ni recompensa, solo por la satisfacción de hacer las cosas bien justas y siguiendo la verdad y el amor.

—Mira, vámonos a abrazarnos, ya verás que reconfortante es —me dijo un día en un bar—. Me enseñó que dos minutos de abrazo relajaban.

Yo no sabía lo que era un abrazo más allá de los que me daba mi madre después de pegarme o antes de ello, momentos en los que yo estaba fría y con los nervios a flor de piel.

Tiré la toalla con la gente de mi edad. Me había reencontrado en judo con mi amigo de la infancia Daniel, que aún me gustaba, y se lo había contado a mi amiga Elena en confianza. Ella se lo contó a Daniel y él se distanció y empezó una relación con una chica. Ya no éramos ni amigos.

Me empezó a gustar mi amigo de treinta Aiti, que me daba un poco de cariño. Con ellos me sentía protegida y admitida en su grupo. Me elogiaban, me hacían sentir tan bien que me subían la autoestima. A mi madre no le gustaba, desconfiaba y decía que me iban a hacer algo. Yo por fin me sentía aceptada en un grupo.

A mi madre se le iba la cabeza y empezaba a dejarme marcas en la cara para demostrar lo fea que era. Una vez me dejó una raja que me cortaba toda la mitad de la cara y no se podía ocultar ni lo lograba con maquillaje. Fui a clase y todo el mundo me preguntó:

—¿Qué te pasó en la cara?

—El gato de la vecina de mi abuela me arañó.

No era buena mintiendo y en Mieres se conocían todos.

Unos pocos no me creyeron.

—Así que el gato de la vecina de tu abuela, ¿eh? ¿Desde cuándo tiene? —me dijo Elena.

Me dijo que a ella también le pegaba su madre, pero ella se reía de eso.

—Me da que le digo "Mamá, no soy un tambor" —y estallaba en carcajadas.

Luego, me dijo algo que me hizo pensar:

—Ahora en serio, ¿por qué tu madre te pega si trabajas, haces recados y sacas buenas notas? Que me pegue a mí, que estoy todo el día tirada sin hacer nada, bueno. Pero a ti, ¿por qué motivo?

Le empecé a contar todo, que el divorcio era culpa mía y también que no se hubieran divorciado antes. Además, ella no me quería tener y el que yo naciera había sido idea de mi padre que ahora pasaba de mí. En mi mente había muchas razones para que me pegara, ninguna válida para Elena.

Un día mi padre puso una foto en el estado de WhatsApp con unas frases sobre la alienación parental. Al leerlo, quedé impactada. Eran las mismas frases que mi madre me decía: "no te quiere", "solo quiere hacernos daño" o "no le importas". En el pie de foto, ponía: "cuando seas mayor te enseñaré la verdad".

Se lo enseñé a mi madre:

—Mamá, no te enfades, pero coincide con lo que tú me dices —le dije.

—O estás conmigo o contra mí. Si estás con tus abuelos, mis padres que también están contra mí o con tu padre, vete —me dijo enfadada.

Un día me dijo que mientras yo estaba en casa de mi abuela habían venido mi padre con su padre y le habían pegado en el portal. Fue corriendo a denunciarlos. Mi abuela y yo no creíamos que mi padre le pegara.

—Me pegó muchas veces, pero tú no estabas en casa. Lo hacía cuando nadie veía —aseguraba.

A mí no me cuadraba ni a mis abuelos. Sabíamos que mi padre no habría puesto una mano encima a mi madre. Pero la demás gente no lo creía así, pues no le conocían.

Mis amigos de teatro no sabían nada, seguía siendo una vergüenza para mí que mi madre me pegara. Un día en que yo no había podido ir a teatro por un virus, Aitor me vio en la calle sacando al perro.

—¿No decías que no podías quedar por que estabas mala? —me preguntó desconfiado.

—Estoy mala, pero tengo que cumplir con mis obligaciones igual.

—Ya no nos parecía bien que volvieras de fiesta y tuvieras que sacarlo sola, menos que tengas que salir estando mala. ¿Por qué no te niegas?

— Porque me pega y me echa de casa —le confesé.

—¿Cómo que te pega?

—Me pone contra una esquina y me raja la cara, o me abre las piernas y me da patadas.

—Tía, pero eso no es normal —me dijo.

—Dijisteis que a vosotros también os pegaba vuestra madre con la zapatilla.

—No es lo mismo —respondió.

Me dejaron de hablar los dos; empezaron a quedar sin mí. No me lo esperaba.

Cuando les pregunté, me dijeron que yo era menor y no querían tener problemas con mi madre. La situación me hacía pensar.

—Sabía que te dejarían tirada —me dijo mi madre cuando se enteró—. Nadie te quiere, bicho.

Capítulo 7

Fragilidad

Ese mismo año, en cuarto de la ESO, mi madre decidió pagarme el viaje de estudios a Londres. Antes de ir, me hizo memorizarme el mapa del metro para que fingiera ante mis compañeros que habíamos estado juntas antes. A mí me parecía una mentira inútil, solo por aparentar.

Necesitaba el permiso de los dos progenitores para salir del país, pero mi madre me dijo que no podíamos pedírselo a mi padre porque se negaría a dármelo. Fui al aeropuerto muerta de miedo de que el director le hubiera dicho algo a mi padre. Finalmente pude viajar.

Cogí una habitación con otras dos chicas que decían que no tenían problema en dormir conmigo. Eran mayores y muy majas, también les caía bien mi madre. La primera noche metieron a dormir en sus camas a dos chicos y cogieron para fumar todo el viaje. Mi amiga Elena y el grupo de marginados me esperaban para hacer cosas juntos, pero, no sé por qué, yo les daba de lado. Prefería ir con el grupo de la habitación que todos los días comían en una cadena de hamburguesas. Yo no quería usar el dinero que me había dado mi madre en caprichos para mí; me privaba de comprarme cosas o hacer actividades para gastar lo menos posible. Me pasé todos los días buscando sitios donde poder conectarme al correo para mandar mensajes a mi madre, pues me sentía mal por haberla dejado sola.

Al final del viaje gasté todo lo que había ahorrado en unos tacones de marca para ella, con la ayuda de las demás chicas que la conocían y sabían más de moda.

Comencé a participar de cenas temáticas con los de teatro, para las que a mi madre le encantaba vestirme y arreglarme. También comencé a salir con ellos a los pubs rockeros.

En mayo celebré el aniversario de la salida de la depresión yéndome a un rol en vivo, un evento en el que los frikis recrean con vestimentas, armas e imaginación mundos de fantasía.

En teatro había hecho unas amigas de 30 años que no sabían lo que ocurría en mi casa. Sus madres se llevaban bien con mi abuela y mi madre confiaba en ellas. Además, el organizador del evento era mi director de teatro, que ya me había permitido entrar en su curso de teatro al ver que era responsable y madura. A mi madre le beneficiaban esos tres días sin mí, en los que yo me pagaba alojamiento y pensión completa. Sabía que yo era feliz y que por fin estaba encajando en un grupo, aunque ellos ya tuvieran sus carreras y parejas.

Descubrí un mundo en el que por primera vez era feliz, todas las semanas creábamos historias. Aitor y Vity antes de dejar de hablarme me recomendaron visitar la tienda de cómics de Oviedo, Mazinger Z, donde todos los sábados de tarde había demostraciones de juegos y torneos. Cuando fui al evento de rol en vivo ya conocía a la mitad. Era una recreación de la mitología grecorromana y había elegido ser de las pocas guerreras; mis amigas habían preferido ser poetisas u otras civiles. Mi madre me ayudó eligiéndome la ropa para ir lo más acorde a la moda romana. Me quedé maravillada, era un sueño para mí. Ese año estaba estudiando latín porque me apasionaba todo lo que tuviera que ver con las culturas antiguas y la mitología. En esa pradera, con un puente de piedra que daba a unas pequeñas casas de barro antiguas y una sala comunal para comer, tapadas por detrás por un bosque, había más de cien personas caracterizadas como Perséfone, Safos, Aquiles, hasta uno había decidido ser Diógenes y estaba bebiendo en un río con Ayax, alucinante. Mi forma de ser y la rareza de ver a una chica de 15 años en esos eventos y luchando bastante bien para ser la primera vez, hicieron que rápidamente creara nuevos amigos, protegida siempre por mi amiga Bea, maestra de un colegio público. Pocas de esas 200 personas bebían o consumían: era muy distinto a lo que veía en el instituto. Representaban la generación de los 80 y 90, pero la que en vez de consumir estupefacientes o psicotrópicos, prefería evadirse jugando y compartiendo. Era un entorno sano.

Después de tantear con los viajes y ver que no había problema con mi padre, mi madre me dejó salir de fiesta de noche por Oviedo, desde las doce al amanecer. Ahora me gustaba salir. No tenía problema al entrar en los sitios, parecía mucho más mayor, sobre todo por cómo me maquillaba mi madre. Nos pasábamos toda la noche bailando, ya no me sentía incómoda, me gustaba más la música de los 60s – 80s.

Cuando salía con las de danza me decían:

—Pareces una estatua, muévete –y me forzaban a moverme haciéndome sentir incómoda.

—Bebe, que no vas a sentir nada —y me cogían la cabeza.

En cambio, con las Pink ladies —así decidimos apodarnos por la película de Grease— no había esos problemas. Ellas no bebían, así yo podía tomarme mi cacaolat y mi agua. El problema fue que les empecé a gustar a los hombres de 30. Hasta ese momento yo había pensado que era fea o, como me decían en el instituto: "no es que seas fea es que tu belleza es de otra galaxia".

Me empezaron a gustar los hombres que me doblaban la edad, a pesar de que mis amigas les advertían y les alejaban.

Mi madre había dejado a Manu porque no le gustaba su comportamiento. La última vez que le vi en casa se disculpó conmigo mientras mi madre estaba en su habitación.

—Oye Carla, creo que me equivoqué cuando te acusé de pegar a tu madre. Me había llamado una hora antes de que llegaras a casa para decirme que le acababas de tirar al suelo con una lleve y le habías pegado.

—Lo sé, no te preocupes, pero te lo dije, es ella la que me pega a mí.

—No sé lo que quiere; ya le pillé más mentiras.

—Pasa de ella, te volverá loco —le dije, tajante.

—Tienes que cuidar de ella, no está bien y te quiere— me contestó antes de marchar.

Yo había oído muchas veces a mi madre que por teléfono le decía a los hombres que yo la maltrataba. Se hacía la víctima, lloraba y les pedía ayuda:

—No sé qué hacer con ella, no me obedece, hace lo que quiere, me grita y me pega. Tengo miedo, se está portando muy mal en la edad del pavo —decía desesperada.

—Pégale una hostia, ya verás como se le pasa la tontería —le decían algunos de ellos.

Cuando acababa de hablar por teléfono, le preguntaba por qué decía eso.

—No me tratas bien, estás agresiva —me respondía.

—Mamá, yo solo quiero que comas, que te veas tan genial como yo te veo y salgas a disfrutar la vida —le contestaba.

Yo me esforzaba todavía más por hacerlo todo perfecto, hacerle más detalles, buscar soluciones e intentar que se llevara bien con sus padres.

—Necesita a su madre y yo no puedo hacer nada —le decía a mi abuela.

—Necesita quitarse la tontería y salir —respondía siempre mi abuela.

Mi madre me decía que mi padre seguía haciéndonos la vida imposible. Decía que teníamos que acabar con él para que nos dejara en paz, sino nos lo iba a quitar todo.

—Este tiene otra familia y pasa de ti —me recordaba mi madre cuando me pegaba—. No paga nada y se lo está dando a otra hija, ya verás.

Durante estos años habíamos tirado todo lo que quedaba de él en las cocheras y en las otras casas. Mi padre estaba viviendo en el último piso que habíamos comprado en Gijón. Mi madre quería vengarse y recuperar la televisión 3D, así que perdí un día de clase para ir con mi abuelo, que apenas se movía, a por ella. Tiramos lo que había en los armarios en un contenedor y volvimos como pudimos en tren con la televisión. Mi madre estaba enfadada con nosotros:

— Se os olvidó el mando.

Razón de más para otra paliza.

Nos decía a mi abuelo y a mí que la abogada había dicho que la única forma de librarnos de él era matándolo. Nos dio dos sobres de azúcar a cada uno:

—Si veis la moto por Gijón echarle azúcar en el depósito —nos ordenó—. Cuando arranque explotará.

Nunca la encontramos.

—Ni mis padres ni tú me ayudáis. Otra hija ya lo hubiera hecho por su madre, pero tú eres egoísta y mala. Sabes que está acabando conmigo lentamente —me decía mientras me pegaba—. No tienes sentimientos. Eres como una máquina. No valéis para nada. Tendré que hacerlo yo.

Mi padre había dejado el tolete de seguridad en casa y mi madre se propuso usarlo. También compró una cuerda y empezó a probar conmigo distintas sujeciones.

El plan que ideó fue que esperáramos a mi padre durante horas en las escaleras del piso de Gijón. En cuanto abriera, yo me abalanzaría contra él mientras ella le pegaba con el tolete en las piernas para tirarlo y sujetarlo.

Aunque se sabía los horarios y podía entrar a mirar su cuadrante de trabajo, no coincidimos y nos acabaron viendo las vecinas de en frente.

—Esto es inútil, ya no vive aquí —me dijo la última vez que le esperamos—. Te dije que tiene otra familia.

Cambió de estrategia. Empezó a ofrecer dinero a gente por información sobre mi padre. Sabía todo lo que hacía en Pola y comenzó a ofrecer dinero a los alumnos de automoción por pegarle una paliza. El director algo se empezó a oler. Muchos alumnos iban a quejarse de ella porque hablaba del divorcio o de lo inútil y mala que era y no daba clases. Más los días que no se levantaba para ir o pillaba bajas.

Una de esas alumnas se hizo amiga mía para ir a eventos frikis y mi madre me prohibió quedar o hablar con ella. Hasta que un día la encontré por la calle, le pregunté qué había pasado y me lo contó todo.

—No tengo nada en contra tuya. Sé que no le pegas —me dijo firme—. Tienes que hablar y arreglar las cosas con ella o salir de esa casa.

Ese verano me dio por leer a George Orwell. Me sentía preparada para un leer a un escritor visionario, recomendado por mi amigo Vity en las cenas con su grupo de rock y con Aity:

—A ti que te gusta leer, te va a encantar 1984. Tienes que leerlo cuanto antes —me había dicho, dándomelo en mano.

Pensé que me lo decía como el que te recomienda un libro más, como cuando mi madre me recomendaba novelas romántico eróticas que le habían empezado a gustar.

Sin embargo, cuando acabé el libro sentada en el salón de Gijón con mi abuelo que dormía a mi lado con un libro en el regazo, fue como si hubiera visto algo que no había querido ver desde hacía mucho tiempo.

Bajo el miedo a un enemigo que traía algo peor, un hombre controlaba a toda una nación desde que se levantaban hasta que se dormían. Les decía hasta lo que tenían que pensar o hacer, sin dudar. Si hacían algo mínimamente contrario a lo que querían, les metían un miedo y una desconfianza hacia su prójimo. Les hacían admirar al gran jefe, que en teoría les protegía, les cuidaba y quería lo mejor para ellos. Al final tenían que creer y asentir lo que el Jefe decía.

Dos más dos, cinco. Lloré toda la tarde con la boca abierta, pues cuadraba mucho con la manipulación de mi madre. Ya no se explicaba todo con un "está enferma", "no sabe lo que hace", "no se acuerda de que me pega" o "está dolida y sola". Se creó en mi mente la posibilidad de que ella fuera mala y me estuviera utilizando. Seguía sin creerme que mi padre le pegara cuando yo no lo veía, pero sabía que estaba atrapada.

Opté por, como decían en el libro, crearme la menos cantidad de problemas posibles, seguir pensando que mi madre era buena y que estaba enferma.

Nada de lo que hacía por mi madre se valoraba. O no confiaba en mí o no era suficiente. Cuando empecé el bachillerato empezó a recriminarme que si hubiera seguido con la carrera de piano la habría acabado con 16 años como otras chicas. Empecé a arrepentirme de haber querido aprender y explorar otras actividades o estudios.

Seguía apuntándome a todas las cosas voluntarias que se presentaban en el instituto, como el club de lectura, psicología, actividades con otros centros y competiciones. Volví a sacar notas altas. Leía las lecturas obligatorias, recomendadas y las preferidas de mi madre.

Quería estar fuera de casa todo lo posible. Solo pasaba a cuidar a mi madre y al Rocco y a hacer los recados. Me costaba dormir ya solo cinco horas, aunque tenía tantas pesadillas que tenía miedo a dormir.

Me enamoré en la tienda de cómics de un médico peruano de 30 años, de ojos azules, tez blanca, metro noventa, barba y pelo rubio. Estaba sacando aquí el MIR, pero tenía muy pocas posibilidades aun sacando las mejores notas, ya que primero eligen a los españoles, luego a los europeos y luego a los demás. Ya lo había intentado sacar el año anterior. Mi madre lo sabía y me dejaba quedar con él y viajar los fines de semana. Aunque dormimos juntos en León, siempre me respetó, nunca me tocó ni me intento besar, a las Pink ladies les parecía un caballero. En una fiesta de Halloween de rol en vivo intenté ponerlo celoso con otros dos hombres de 40. A él le pareció depravado y se fue sin despedirse.

Cuando se fue, empecé a ir al psiquiatra de mi madre, que ya me había sugerido tomar alguna pastilla para la ansiedad cuando me asfixiaba y se me oprimía el pecho. Ella quería conseguir un informe que dijera que le tenía miedo a mi padre y que todo lo que nos estaba haciendo me había hecho estar de los nervios y deprimida.

—¿Te has enamorado o tienes un novio? —me preguntó el psiquiatra riéndose—. Es lo que necesitas.

Luego, agregó:

—No creo que necesites pastillas, es muy pronto. Mejor vete a la psicóloga de arriba.

Mi madre me dejó ir a la psicóloga sola y aproveché a contarle de las palizas de mi madre. La terapeuta me dijo que volviera dos o tres veces a la semana, pero cuando se lo dije a mi madre me contestó, cortante:

—No necesitas una psicóloga.

Nunca volví al consultorio.

Mi madre conocía a un policía de Mieres al que a veces llamaba y le decía que tenía miedo de mi padre. Le pedía que viniera a protegerla.

—Me dijo que lo denunciaras por violación. Queda un día con él y dices que se propaso contigo —me ordenó un día mi madre.

—No puedo hacer eso, es mentir.

—Es una orden, te digo.

—Me harán pruebas y soy virgen —alegué.

Me negué muchas veces. Hasta que mi madre se cansó de que no le hiciera caso.

Me puso contra un mueble de la cocina y comenzó a separarme las piernas.

—No no, por favor, para —le rogaba.

—Que no te muevas —me decía mientras me pegaba unas cuantas hostias en la cabeza—. Aguanta como un hombre. Abre y aguanta sin llorar.

En cuanto me dio la primera patada dejé de sentir. Vi llegar otras patadas, pero no sentía nada, solo un entumecimiento en toda la zona del vientre y parte de los muslos.

—Problema resuelto —dijo, y se dio la vuelta.

Me quedé un rato en el suelo. A las dos horas, cuando saqué fuerzas para levantarme e ir al baño, sangré un poco. Pensé que me iba a bajar la regla.

Salí más tarde con un compañero de arbitraje que se había fijado en mí.

Él decía que mi madre estaba loca y eso no me pareció bien, pero me trataba bien, así que empezamos a salir. Tenía 25 años, medía 1,60 y tenía entradas, pero me hacía reír y me parecía buena persona. Nos liábamos en el portal. Le dije que no le podía dar lo que él quería.

—Quiero mantenerme virgen hasta los 18 —le confesé en una cervecería.

—No importa, puedo esperar año y medio.

Nos ayudaba a mi madre y a mí.

Mis padres ya estaban firmando el divorcio. Nunca había podido entrar en los juicios, ya que el juez no me dejaba entrar. Mi madre decía que era porque estaba del lado de mi padre. Ambos habían cambiado de abogados, mi madre decía que su abogada no era tan dura así que la dejó y se buscó a una de penal sin escrúpulos. Mi madre decía que mi padre había cambiado de abogado porque al otro no le parecía normal lo que hacía con nosotras y que no pagara gastos. Cada vez que esperaba fuera del juicio, mi madre me disgustaba diciendo:

—No mira ni para ti.

Se giraba a él y se ponía a gritar:

—Mira, mira a tu hija, está aquí, tienes una hija. Grand pére.

Él giraba la cabeza en sentido contrario.

Cuando firmaron el divorcio, mi padre quiso hablar conmigo en una sala privada de los juzgados.

—Cuando seas mayor te lo voy a enseñar todo. Te enseñaré la verdad.

—Solo quiero saber una cosa. ¿Fuiste infiel a mi madre?

—Cuando no te dan amor en casa y alguien te muestra un poco de afecto es normal.

—Eso es un sí. No quiero saber más.

Volví con mi madre a casa y cuando le conté la conversación, se enfadó.

—¿Te dijo que me había sido infiel y no le diste una hostia? ¿Te quedaste tan tranquila? ¿No hiciste nada? Cualquier otra hija hubiera defendido a su madre, no como tú, demonio.

Quedaban juicios por acoso a los que iba a testificar el antiguo novio de mi madre, Manu. Cuando lo veía, ella se abalanzaba sobre él a decirle que estaba muy guapo.

Habían tenido según decía mi madre, 33 juicios. En uno de ellos mi madre me pidió que le dijera a mi novio que nos llevara porque era en Gijón. David accedió a llevarnos. Era mi oportunidad para redimirme ante mi madre por todo lo que no había podido hacer.

Me acerqué a mi padre al otro lado del pasillo, antes de entrar al juicio y le escupí en el ojo.

—Cabrón —le solté.

Volví con mi madre temblando por la hazaña.

—Ya le escupí, por haberte sido infiel —le dije—. Como querías.

—¿Y le diste en la cara? —preguntaba, eufórica de alegría.

—Sí, en el ojo.

Sabía que mi historia con David no duraría mucho; los del instituto se reían de mí, y de él por estar conmigo.

Mi madre decidió pagarme el viaje de estudios a Italia. Un par de profesoras cuidarían de mí y me harían fotos. David había venido a despedirse de mí delante de todos, a pesar de que habíamos discutido el día anterior por no haber venido a mi actuación de teatro.

—Creo que no me quieres, pasas de mí —le había dicho por teléfono.

—No me dejaste claro si querías que fuera —se defendía él.

Me sorprendió verlo delante de todos.

En Italia, cada dos días rotaba de compañeras y habitaciones. Estaba mosqueada porque no habían respetado el código de vestimenta en las iglesias y no pudimos entrar en muchos sitios, pero lo demás era guapísimo. Iba a ver todo lo que estudiaba de latín, griego y arte. Me encantaba hasta pisar las alcantarillas con el logo de Senatus Populum Quo Romanum. Me estaban empezando a encantar las leyes. Después de unos días en Roma y el Vaticano donde pude ver estatuas de emperadores y mitología, nos fuimos a visitar Pisa. Yo estaba preocupada porque mi novio no me contestaba, pero me distraía ayudando a regatear en los puestos para los profesores y alumnos. Cuando llegamos a Florencia, otra ciudad de la que me enamoré, de noche, mis compañeras de cuarto se fueron a beber limoncello con los chicos y yo tenía un mensaje de David en el que cortaba conmigo.

No entendía por qué no había cortado conmigo antes de despedirse de mí delante de todos.

—No te quería arruinar el viaje, pero tampoco te quería mentir —me dijo.

Había vuelto con su ex y mi madre me lo confirmó cuando volví. Habíamos durado poco más que un mes; sabía que no aguantaría sin mantener relaciones.

En las reuniones de la delegación de árbitros el aire estaba tenso. Nos esquivábamos, los compañeros sabían que algo había pasado y le expliqué al jefe que prefería que no nos pusieran juntos en los partidos.

Un compañero de casi 40 años llamado Fran, militar, entabló amistad conmigo. Estaba de baja por depresión por los insultos de su superior sobre su masa corporal. A mi madre no le terminaba de caer bien. Me llevaba al karaoke de mi calle y me animó a seguir cantando. Me invitaba a tomar batidos en el parque y me presentó a un amigo que se llamaba Miguel. Era un cubano de 34 años de ojos azules con gafas y labios voluptuosos. Fran nos quería juntar como pareja. Nos llevaba de viaje por Asturias a pasear y comer, hasta que, después de unos meses, empezamos a salir.

Cuando mi madre me echaba de casa me pasaba por la suya. Él vivía con su madre que nos trataba muy bien y nos daba de comer. No pasaban ni diez minutos antes de que me empezara a sobar y tocar. Yo ponía la excusa de que no me gustaba que estuviera su madre en la habitación de al lado, pero aun así intentó tener relaciones conmigo varias veces. Desesperada por toda la situación, empecé a ceder, pero por suerte no era capaz, no entraba. Él se enfadaba conmigo por no poner de mi parte o relajarme. Yo volvía de madrugada llorando y caminando por la carretera a oscuras y sola.

A las dos semanas de estar saliendo con él me fui a León a unas jornadas lúdicas.

—Si soy tu madre no te dejaba ir a esos sitios sola —me decía Fran enfadado.

Al llegar a León noté que me había dejado de hablar. Pasé del tema esa vez para centrarme en el evento y disfrutar.

Cuando volví del fin de semana, tampoco vino a buscarme. Fui a la pizzería en la que trabajaba para preguntarle qué pasaba. Me dijo que sentía algo por otra chica y no quería estar conmigo.

Mi madre seguía teniendo otros novios y nos juntábamos a hablar de las experiencias. Me gustaba poder ser abierta con mi madre y tener confianza para hablar las cosas.

Yo me pasaba los fines de semana arbitrando por Asturias en el centro cultural o en la asociación jugando a rol de campaña, como dragones y mazmorras o Star Wars. Salía de las reuniones el viernes y estaba hasta la madrugada jugando en grupo. Algunos eran militares y me convencieron de no ir al ejército. Sus comentarios, más el libro 1984 me quitaron las ganas de estar a las órdenes de un superior sin cuestionarlas. Me gustaba la vida que llevaba fuera de casa, pero al volver veía a mi madre borrachísima o muy drogada a pastillas y se me rompía el corazón. Me sentía tan impotente, estaba perdiendo la esperanza de poder ayudarla. Me encantaba ayudar a todo el mundo y a la persona más importante de mi vida, que siempre había estado conmigo, le estaba fallando.

El 10 de mayo, como llevaba siendo ritual, celebraba la salida de la depresión por segundo año consecutivo yéndome otra vez de rol en vivo a Palencia. Esta vez la temática era una ciudad llamada Babylon del salvaje oeste. Una amiga de la asociación me había prestado la ropa de época. Todo iba genial, hasta que la segunda noche antes de la cena, me llamó Fran.

—Hola, ¿qué tal? ¿Me echas de menos? —le dije ilusionada.

—¿Puedes hablar? Me ha llamado tu jefe —me dijo cortante.

—¿Hice algo mal en el último partido?

—No es por el arbitraje, por eso estate tranquila, que lo estás haciendo bien y vas mejorando.

—¿Entonces? ¿Por David?

—Por tu madre.

—No entiendo.

—Tu madre llamó al jefe para decirle que la maltratabas, que le pegabas y que no estabas bien.

—No puede ser. No es verdad.

—Me imagino, por lo que te conozco que no es verdad. Además, ¿qué hace tu madre con el teléfono de tu jefe? Tranquila, disfruta lo que te queda de evento y hablamos cuando vuelvas.

Empecé a andar y a correr por todo el campo hasta que me tiré en el suelo, inmóvil por un tiempo. Por primera vez pensé en escapar de mi madre, sino me mataba antes en un ataque de los suyos.

Cuando regresé le conté a Fran cómo mi madre me echaba de casa, que me pegaba porque era su derecho y tenía que hacer lo que decía.

—¿Me estás diciendo que te echa de casa y te cuelas en portales para dormir? —estaba con la boca abierta.

—Sí. Pero ya me acostumbré desde hace años.

—¿Y tu abuela?

—También me pega y me echa, porque no quería que mis padres me tuvieran.

—A partir de ahora cuando pase eso me llamas y vamos a la policía.

—No puedo ir a la policía, me mataría.

—Lo que no puedes es dormir en la calle, algún día te pasará algo.

—Me sé defender.

—Ahora nos vamos a hablar con el jefe —me dijo, seguro—. Tranquila, yo se lo explico.

Cuando se lo explicamos el jefe me dijo que me veía como una de sus nietas y sabía que yo no haría nada malo, que no me preocupara.

Antes de empezar el verano salí con un militar de ojos verdes. Sabía que tenía novia y la engañaba, entonces le dije que no haría nada con él hasta que la dejara. Así lo hizo y entonces le dejé.

Había puesto una contraseña en el teléfono que mi madre no sabía y la cambiaba constantemente para que no pudiera adivinarla. Empezó a buscar mis contactos por Facebook y habló con el militar diciéndole lo de siempre, que estaba loca y la trataba mal, Él me dijo que yo tenía que hablar las cosas con ella y yo seguía insistiendo en que lo intentaba, pero no había manera.

Me dio por consultar en un centro de ayuda contra la violencia si tenía posibilidades de ir a otro sitio o si Fran podía coger mi custodia.

—Mientras haya padres y abuelos, no —me dijo la asistente.

—¿Puedo ir al centro de menores? —le pregunté.

—Es peor que lo que tienes en casa, créeme.

—¿Y qué hago?

—Aguantar. Mucha suerte.

Solo me quedaba un año y medio para hacer los 18 y poder sacar el dinero de mi abuelo. Empezaba a pensar en opciones para mi futuro.

En teatro me decían que no iba a poder ser actriz porque no tenía nadie que me apoyara económicamente.

—Haz turismo, ya que te gusta aprender idiomas o periodismo —me dijo una chica.

Mi madre prefería que fuera abogada:

—Con todos los juicios que tuvimos, eres experta —me decía.

Después de darle muchas vueltas, empecé a considerar la carrera de derecho: estaría siempre leyendo y estudiado, ayudaría a la gente, lucharía por la verdad y las injusticias y podría estar toda la vida trabajando.

Mi plan era estudiar en la Universidad Juan Carlos III de Madrid. Con los ahorros de mi abuelo para la universidad y con las notas que estaba teniendo era factible, pero en el verano, mi madre me dijo que había tenido que cerrar mi cuenta de ahorros. Me aseguró que no tuvo opción porque a los 16 había que cerrarla. Yo no dudé de ella, pero cuando se lo conté a Fran me obligó a ir al banco con él a preguntar. La banquera dijo que era mentira.

Intenté dormir un par de veces con mi abuela, pero seguía dándome palizas. Una de esas veces, cogí el teléfono en el otro extremo de la casa y llamé al 112 para pedir ayuda, pero ella se dio cuenta, me quitó el teléfono y me dio con él en la cabeza. Eso acrecentó que pensaran que era un demonio.

Las siguientes veces que me echaron de casa iba a dormir al club o asociación. Un día vino Fran a buscarme al centro y me dijo:

—Hoy no duermes ni en el club ni en la calle. Hoy duermes en tu casa. Nos vamos a la policía.

En la policía conté lo que pasaba, pero les extrañó porque conocían a mi madre y ya habían hablado con ella unos días antes sobre el maltrato que supuestamente yo le hacía. Aún desconfiados de mí, me acompañaron a casa.

—Buenas noches, perdone que le molestemos. Dice esta chica que no le dejas entrar en casa, que tienes puesta la llave.

—Nooo, que va. Es una mentirosa. Está abierto —dijo mi madre—.

—Bueno, que tengan buenas noches y si tiene algún problema con ella estamos al lado.

Cuando cerró la puerta tras de mí solo hubo unos segundos de paz. Intentaba no temblar de miedo mientras oía a los policías alejándose en el ascensor. En cuanto se oyó que bajaba, me cayó la primera hostia que me hizo rebotar con la puerta. Instintivamente me tiré al suelo. Cuando mi madre fue a cerrar la puerta, logré gatear hasta la entrada del comedor, donde normalmente bailábamos y cantábamos. Me dio con el móvil en la cabeza y una paliza que me hizo sentir culpable por haber ido a la policía.

—¿Pero qué hija va a la policía a denunciar a su madre? Dime, ¿qué hija? Una hija de puta —me gritaba.

Cuando me dejó inmóvil a golpes fue a llamar a mi abuela para contárselo.

—No puedo más con ella. Te lo juro. No puedo. Tengo que matarla o me mata ella.

Mi abuela empezó a venir a casa para "para controlar mi carácter".

—Vas a acabar con esta familia. Tu padre y tú estáis acabando con nosotras —me decía.

Mi abuelo una vez le preguntó a mi madre.

—¿Por qué le pegas a Carla?

—Porque es mi hija y haré con ella lo que quiera. Yo le di la vida y si quiero se la quito.

Fue la última vez que intervino mi abuelo antes de pasar de todo. Yo ya no le reconocía, me estaba distanciando de él.

Se habían inventado que yo mantenía una relación de novios con Fran y amenazaba con denunciarlo por andar con una menor. De esa manera logró que nos dejáramos de hablar.

Mi padre, después de haberme enviado regalos que mi madre había tirado, de intentar hablar conmigo y de que le hubiera escupido, se había alejado por completo.

Un día en el que le llevé unos papeles a la abogada penal por el acoso de mi padre, me confesó en secreto:

—Yo no te he dicho nada, pero tu madre te quiere denunciar por maltrato.

—¿Es en serio? Si es ella la que me pega. Después de aguantar estos años, ¿ahora dice que yo le pego?

—Tienes que hablar con ella.

Acorralada por todos los lados, pensé que lo mejor sería buscar a alguien que me propusiera una salida de esa casa. Daría mi virginidad a cambio de protección. En la asociación cultural hablaban de un chaval de Gijón que había enamorado a una chica con la que quedaba, mientras estaba con otras dos porque no quería nada serio. Era guapo y tenía la vida bien resuelta. Se hacía llamar en los roles en vivo Zentos, un cazador. Lo busqué por Facebook y vi que íbamos a ir al mismo evento, un rol medieval con magia. Pertenecíamos al mismo campamento y rápidamente se fijó en mí que iba de elfa médica de batalla. Solo se dedicaba a luchar y fumar porros custodiando la base.

La primera noche todos bebieron menos yo. A la que esa vez era mi tutora no le gustaba que me hablara con Zentos. La segunda noche sí que me emborraché. Había sido la primera vez que me habían invitado a jugar a "verdad, reto o beso", aunque eran mayores que yo. El líder del campamento me dio una botella de caramelo y pensé que era como la sangría 0,0 de la noche anterior. Acabé durmiendo en las mesas en vez de las cabañas comunales. Desperté con la música que nos invitaba a comer, destapada de manta y con Zentos al lado. Me tapé, la gente que bajaba el monte y nos veía tapados juntos en el colchón que él había sacado, se temían lo peor.

Empezamos a pasar tiempo juntos. Por la noche nos íbamos al bosque a hablar, me trataba genial y me decía que Fran no era de fiar, que quería sexo conmigo. El último día pasamos de la batalla final porque hacían trampas y nos fuimos a hacer windsurf. Les dije a mis amigos que no volvía con ellos en coche.

—Carla, ten cuidado con ese. De verdad —me dijo Luis.

Yo ya me estaba enamorando.

Fue el primer viaje que Juan y yo hicimos juntos.

Capítulo 8

Buscar amor

Tenía claro que todas las actividades que hacía respondían, en el fondo, al deseo de mantenerme el mayor tiempo posible fuera de casa y lejos de mi madre. Aunque la quería, me dolía y no podía verla así. Seguíamos compartiendo la música, juntas empezamos a conocer a Lana del Rey, cuyas letras, curiosamente, hablaban de buscar un hombre como refugio. Pero era ya lo único que nos unía.

Después de volver en agosto con Juan de la isla de Zuhatza, quedé con él para el viernes siguiente, pero a mi madre le dije que quedaba a dormir en Gijón con una amiga. Me sentía mal por empezar a mentirle, pero si le hubiera dicho que quedaba en casa de un hombre que era diez años mayor que yo, no me hubiera dejado.

Estuvimos todo el fin de semana en casa de Juan, con su gato Vader. Vivía en un piso nuevo en el centro, amplio y con buenas vistas pagado por su padre al igual que su coche. Él sólo tenía que pagar sus caprichos y la chica de la limpieza. Durante todo el fin de semana no salimos más que a por tabaco. Nos la pasamos viendo series y jugando a la Play mientras él fumaba porros; me trataba como a una reina y me hacía comida mientras yo le daba conversación. Se movía del sillón al sofá conmigo para intentar seducirme: me tocaba y me provocaba para que cediera a sus caricias y mimos.

—Estás buenísima —me miraba y hacía como que se deslumbraba.

A mí también me deslumbraba lo guapo que era. Cada poco se tocaba desde el sillón mirándome. Un par de veces al día se iba a tocar al baño o a la habitación.

El domingo, antes de que me llevara en coche a casa, rechacé sus últimos intentos para tener relaciones conmigo.

—No soy tan fácil, te lo tienes que trabajar —le dije, apartándole.

No quería que mi primera vez fuera así.

Al volver, mi madre notó que no había estado con una amiga. Yo siempre le contaba de todos los chicos que conocía. Normalmente le enseñaba las conversaciones y me aconsejaba qué decir. A la siguiente semana de quedar con él, me vestí para ir a cenar. Mi madre se dio cuenta:

—¿Desde cuándo te pones tú tan guapa? —me dijo y me miró detenidamente—. No quedaste con Sara, ¿verdad?

—No, me quedé con el chico que me trajo de la isla —le confesé.

—Me alegro —y me dio unos preservativos.

En el asador al que me llevó, con amigos de su familia, estuvo tocándome por debajo de la mesa con el pie. Al volver a su piso, sabía lo que me esperaba. Me fui a la ventana a pensar sobre mi familia, sabiendo el paso de dejarla atrás y hacer mi vida. Juan llegó por detrás, me quitó el vestido y me llevó a la cama. Estaba tensa y acomplejada con mi cuerpo. No pudo entrar y en unas horas se enfadó:

—Yo así no puedo, de verdad, es imposible, me voy a fumar.

Me dejó en la cama y se fue al salón.

Después de unos minutos volvió a intentarlo, me tomó con más cariño, me hizo sexo oral y entró. Dolió la primera vez y con cada sacudida dolía más. Aguanté esos minutos que sentí como horas hasta que acabó.

—Me dijiste que eras virgen —me dijo.

—Y lo era hasta ahora.

—No te creo, no sangraste.

Y se fue al salón.

Al día siguiente me llevó de ruta a un lago en el que te podías bañar y me estuvo sacando fotos. Antes del verano me había metido en el mundo del modelaje, por insistencia de mi amigo Fran. A mi madre le había parecido genial ya que mi abuela y ella, me llevaban preparando desde pequeña para eso. Había empezado a hacer desfiles y algunas sesiones de fotos. La gente de las jornadas lúdicas se lo tomaban a cachondeo, así que yo tampoco me lo creía. Pero me gustaba que me maquillaran y me vistieran como había hecho mi madre.

Juan me hacía sentir guapa, lista, especial, la mejor. Hablábamos todos los días de noche por videollamada, cuando acababa de hacer las tareas de casa, actividades, perro y estudio. Yo estaba siempre en casa con el ordenador, evadiéndome con juegos o animé. Estudiaba en las bibliotecas de los centros o en la universidad ya que en casa mi madre apenas me dejaba estudiar. Se estaba empezando a sentir más sola, no le hacía caso y la intentaba alejar de mí y de mis conocidos. Sobre todo después de que amenazara con denunciar a Fran, por salir con una menor. Con él seguíamos quedando en secreto.

Juan me pidió tener una relación de novios, me pareció raro porque yo no había hecho nada para merecerlo. Él estaba asentado, trabajaba en el gimnasio de karate que era de su familia, tenía la vida resuelta, sin problemas. La mía, en cambio, era un desastre, me sentía fea y muy delgada por más que intentaba engordar. Mi única meta era llegar viva a los 18 años. Que quisiera estar conmigo, cuidarme y protegerme me había hecho enamorarme perdidamente. Iba a ser mi pareja para siempre. Soñaba con poder darle todo mi amor a alguien, poder ser buena sin que se aprovecharan y tener a alguien en quién confiar. Para mí, la vida de los demás valía siempre más que la mía. Hasta ese momento esa persona era mi madre. Yo daba la vida por ella, pero ella ni siquiera lo veía, seguía viéndome como un error y como un demonio.

Cuando le dije que había tenido mi primera relación, me dijo que era una zorra y una puta por no haber esperado más. Me lo empecé a creer. Hasta lo consulté con la ginecóloga:

—No hagas caso. Tú decides cuando es temprano o no —me calmó.

A la semana o dos de mantener mi primera relación sexual, empecé a notar dolor abajo. Me ardía. Supuraba blanco y me sentía que olía fatal, pasé una semana mal hasta que el médico de cabecera me dijo que tenía clamidia. Juan me dijo:

—Fue con una chica con la que estuve antes de empezar contigo.

No tuve la mejor primera vez, pero me alegraba de que al menos no hubiera sido en el parking de los institutos o en un baño de una discoteca con alguien que luego se reiría de mí. Yo confiaba en él.

Él mentía a los padres diciendo que estaba con una de 17 a punto de cumplir 18, hasta que fue mi cumple (de 17) y les dijo la verdad.

Yo iba a verle de sorpresa a Gijón, a su gimnasio, aunque sólo fuera una hora para volver a cogerme el tren de vuelta.

—No te puedo llevar, mi padre tiene el coche —me decía.

Fuimos juntos a un evento lúdico en Salamanca al poco de empezar. Él no quería conocer la ciudad ya que había estudiado ahí unos años, así que yo me paseé por la ciudad mientras él se quedaba fumando y jugando en el polideportivo. También fuimos juntos a la granja escuela, donde ya había estado 3 años seguidos en los eventos. Los conocidos de siempre miraban con desprecio la relación. Su antiguo ligue, Gemma, del club de Mieres me despreciaba y decía que era una femme fatale. Otros pensaban que conmigo estaba cambiando y se esforzaba más. Él esperaba despierto, ya que no trabajaba los sábados y domingos, a que le avisara que estaba terminando la partida y me venía a buscar al club.

—A ella nunca la venía a buscar, mucho menos a las 4 de la mañana —me decían los del club—. Ni se iba de viaje con ella.

A finales de noviembre fui sola al evento de Valladolid. Los demás me decían:

—Qué raro que te haya dejado venir sola, yo no te hubiera dejado.

A las compañeras del instituto les parecía guapo y andaban enseñándoselo a las profesoras. No se creían como había conseguido que ese hombre se fijara en mí. A las Pink ladies les encantaba que estuviera con él, les parecía muy guapo y les recordaba a Paul Newman. Quizás fue porque le conocieron en una fiesta temática de los años 20. Cuando volvimos de ese evento, Juan me dijo:

—Hoy os vi bailar a ti y a Bea y me imaginé un trío con las dos.

Por navidades decidí regalarle a mi madre, con los ahorros que tenía en un sobre, un viaje juntas a Madrid en su hotel favorito de Gran Vía. Ambas sabíamos que iba a ser nuestro último viaje juntas y yo le quería hacer ese regalo antes de irme. A ella le encantaba pasar las navidades en el centro de Madrid, pero desde que se había divorciado le había cogido asco. No salía del hotel, le subía el desayuno todos los días y lo rechazaba. No le animaba ni mirar tiendas, la conseguí sacar un par de veces a pasear y tomar algo. Estaba enfadada conmigo porque la fachada del hotel se estaba reformando y no se podía ver la calle.

Como compensación por el viaje, decidió darme una sorpresa y quedar en Nochevieja con la familia materna. Me hizo rápidamente un árbol genealógico familiar y me intentó explicar nombres y parentescos antes de que nos vinieran a recoger. Mi abuela se había llevado mal con sus hermanos y familiares y había decidido cortar contacto junto con mi madre. Cuando llegamos a ese pueblo no entendía porque habían dejado de hablarse, se llevaban bien y parecía que se querían, estaban contentos de verme. Mi madre trajo joyas de oro para dárselas a todos.

Antes de la cena, mi prima me dijo de pasear con ella por el sitio. A la hora nos sentamos y me dijo:

—Tu madre nos llamó pidiendo ayuda, porque la maltratabas.

—Es mentira —rompí a llorar—. No sé qué hacer, lo anda diciendo a todo el mundo, me quiere denunciar y a mí me lleva pegando toda la vida.

Después de la cena quedamos todos los primos a jugar en otra casa, yo como siempre había decidido no beber y tenía miedo de que mi madre se enfadara porque no estuviera con ella. En un momento, mi prima estalló:

—Deja a tu madre en paz ya. Vives a la sombra de ella, vive.

Alicia estaba enfadada desde la cena, la había visto poniendo caras de asco.

—Te cortaba la comida y te decía lo que tenías que comer como si fueras tonta. Ni te dejaba hablar —me dijo.

Juan llegó a buscarme y nos trajo a las dos de vuelta a casa.

A las pocas semanas, mi madre empezó a poner estados insultando a esa parte de la familia y arrepintiéndose de lo que les había dado.

En esas videollamadas que hacíamos Juan y yo, muchas veces mi madre no se daba cuenta de que tenía el micrófono abierto cuando venía sin razón a pegarme. Yo tapaba la tablet boca abajo y Juan oía todo. Yo le pedía perdón a él por el espectáculo cuando mi madre se iba y desconectaba la llamada. Su padre no quería que estuviera conmigo porque mi madre estaba loca y decía que les podía armar una en su negocio familiar. Juan también veía los moratones y cicatrices que tenía cada semana. Yo le decía que mi madre estaba enferma y no se acordaba de las palizas, que en realidad ella me quería mucho y me cuidaba. Indignado, empezó a enfrentarse a mi madre cada domingo que me llevaba a casa.

—Sé lo que le haces —le dijo desde el coche—. Te tendría que dar vergüenza. No la vuelvas a tocar. Te lo advierto.

—¿Me lo dices tú? —le gritaba mi madre debajo de casa—. Hay que tener un problema mental muy grande para estar con una menor. Es mi hija y me debe la vida a mí.

—Te quiero, cuídate y cualquier cosa me llamas —me decía tranquilo despidiéndose.

Mi madre empezó a amenazarlo con denunciarlo por fumar porros e incitar a chavales a hacerlo, aunque lo segundo era mentira. De hecho, él se escondía para que nadie le viera y se lo dijera a su familia, pues no veían bien que fumase. A mí me daba igual mientras tuviera un entorno tranquilo dónde estudiar dos días. Él me dejaba una habitación, cada poco venía a ver cómo iba, si necesitaba algo o a traerme un batido o un postre hecho por él. Me estaba costando concentrarme, mis pensamientos se iban a decidir si me iría lejos de mi familia, ya que cada vez pasábamos más días juntos.

Mi idea era irme con los ahorros de mi abuelo a estudiar a Madrid, ya lo había calculado todo y me sobraba nota para entrar, pero cuando Juan lo supo se enfadó:

—A mí no me hagas ilusiones si luego te vas a ir. No quiero construir algo con alguien y luego pasarlo mal.

Empecé a ir a la biblioteca a estudiar derecho penal por si mi madre hacía algo a mi pareja, a su familia o a su negocio. Llevaba un tiempo estudiando psicología por unos libros que me había dejado mi madre, con el fin de ayudarla, pero lo fui cambiando por el derecho, viendo la situación en la que me encontraba.

Juan me dijo que se quería casar conmigo. Me explicó que nunca se había fiado de las mujeres porque le habían hecho mucho daño, pero yo no quería salir de fiesta y sólo tenía un amigo de toda la vida: era buena para él.

No podía decidirme a dejar a mi madre atrás a pesar de que me volvía loca. Me dejaba ir a Gijón con mi pareja y luego me mandaba 100 mensajes diciéndome que estaba mal, que la había dejado sola y que se iba a suicidar. Me decía que me necesitaba, que la estaba matando, que me quería, que me odiaba, que era lo único en su vida, que fui un error que deseaba todos los días remediar, que era un monstruo. También me decía que Juan no me quería, que me estaba utilizando. Él se había ido en diciembre a Madrid para visitar a su hermana, pero mi madre decía que si no me había traído ni un regalo era porque había ido a ver a una mujer.

Un día, al llevarme a casa, Juan aparcó y me dijo:

—Te voy a enseñar una cosa, pero si me prometes que no dirás nada.

—No te lo puedo prometer —le dije.

Cogió su móvil y me enseñó todos los mensajes que mi madre le había estado mandando desde que nos conocimos: "No sabes con quién estás", "esa guaja es un monstruo, no quiere a nadie", "anda con varios a la vez, todo el mundo sabe que es mala y puta" y más mensajes así.

—Es todo mentira. ¿Cómo no le voy a decir nada? —le dije.

Bajó la conversación y me enseñó un último mensaje: "como le digas algo de esto a ella, no la vuelves a ver".

Mi madre empezó a salir con un hombre que también fumaba porros, alguna vez ella fumaba de fiesta con él. Yo prefería que fumase a que se emborrachara. Yo estaba empezando a beber y veía que su estado no era por las pastillas, sino por el alcohol. Su pareja, David, era parecidísimo a mi pareja. Nos dimos y se dieron cuenta ellos el día que coincidieron para venirnos a buscar. Iban hasta vestidos igual, con la única diferencia de que cada uno sabía una realidad distinta de lo que pasaba.

Un día ella vino diciendo:

—Vengo de una consulta con el médico. No quería decirte nada, ni preocuparte.

—¿Qué pasó?

—A raíz del accidente de Murcia, por el golpe, tengo un coágulo de sangre en el cerebro.

—¿Cómo?

—Me quedan seis meses de vida como mucho —aseguró.

Me descolocó tanto que me quedé petrificada, sin saber qué decir. Juan no le creía.

Él me llevaba a los ensayos para los desfiles, siempre me apoyaba en la carrera de modelaje y de árbitro. Volviendo de un ensayo de Avilés perdí el móvil y avisé a mi madre desde el móvil de Juan. Cuando llegué a casa, le dije que me compraría otro, pero no le valió. Mi madre empezó a pegarme en la entrada, llegaron mis abuelos y también empezaron a pegarme, me cogieron la cabeza y me dieron varias veces contra el espejo empotrado de la entrada. Quedé en el suelo. Mi madre se metió en la habitación y mis abuelos fueron a tranquilizarla mientras me decían que me calmara. Me metí en mi habitación y cuando oí que se habían alejado lo suficiente por el pasillo y habían bajado la guardia. Cogí la mochila y corrí hasta la entrada, tuve suerte, no me temblaron las manos para abrir la cerradura, sino no hubiera salido. Fui corriendo al parque de abajo y desde el móvil de un chaval llamé a Juan para que me viniera a buscar.

Me cuidó, intentó hacer que comiera y me distrajera. Yo contaba con ir a clases al día siguiente pero no pude. Me levanté con dolor en toda la cabeza por los golpes y no se me quitaban. Me llevó de vuelta de noche.

Su plan era sacarme de mi casa, a la que llamaba casa del terror y que fuera a vivir con él. Prácticamente ya vivíamos juntos y yo era muy feliz con él.

Juan decía que yo le ponía mucho, y quería hacerlo todos los días, en cualquier momento y delante de espejos. Siempre se la tenía que estar chupando. A mí no me gustaba el sexo, no conseguía relajarme y disfrutar, me sentía mal y sucia. Además pillaba muchas cistitis, por lo fuerte que me daba durante horas. Una de ellas coincidió en unas jornadas en semana santa en un pueblo del País Vasco. Me pasé horas sangrando por la noche y por la mañana en urgencias, mientras él jugaba. La primera noche él salió de fiesta y volvía cada poco para ver cómo estaba. A cambio de que me llevara en coche, se la chupaba. Cuando volví a casa tuve que pagar una factura de urgencias de 300 euros. Le estaba cogiendo mucho asco al sexo. Para mí era algo obligatorio en la pareja. Mi abuela siempre me decía:

—Si no le das a un hombre lo que quiere, lo buscará fuera.

Juan se enfadaba porque yo no colaboraba, porque lo tenía que hacer todo él y porque yo no llegaba al orgasmo.
Intenté solucionarlo con una sexóloga gratis online que
se anunciaba en la biblioteca, pero finalmente me auto
diagnostiqué anorgasmia. De todas formas, lo hacía porque le quería y era la forma de dar y recibir amor.

Estaba empezando a ver cosas raras en Juan. Al principio
de la relación decía de quedar con Gema. Cuando me fui
a Valladolid la invitó ese finde a casa; me lo dijo de tal
forma que le quité importancia, igual intentaba hacerme
sentir mal por irme de viaje y ver amigos de otros años.

Él hacía masajes y como le ofrecía descuentos a las chicas del gimnasio de karate, siempre tenía clientas a quienes traía a casa. Me hablaba de sus antiguos ligues, de
todas sus experiencias sexuales, de cómo le deseaban las
madres del gimnasio y le mandaban fotos desnudas. Quedábamos con chicas con las que se había acostado, pero
decía que eran amigas.

Yo le dije que era bisexual, en parte porque me parecían
guapas las chicas y atractivas, aunque nunca me había
llevado bien con ellas y por la otra porque pensé que con
mi nula experiencia querría estar con otras chicas. Él empezó a proponer tríos a algunas chicas, pero cuando ellas
le dejaban tirado en el último momento se enfadaba conmigo y no me hablaba.

Empecé a ver crema de maquillaje en la funda de la al-
mohada.

—Será tuyo —me dijo quitándole importancia la primera
vez que se lo mencioné.

Yo casi nunca me maquillaba y si lo hacía, eran solo los
ojos. Me empecé a emparanoiar. Contaba los condones

antes de irme el domingo y el viernes al llegar era lo primero que revisaba. Los iba apuntando en un calendario, no me cuadraban los números.

Le pregunté:

—¿Por qué compraste condones si no gastamos? ¿y por qué faltan?

—Porque el gato me los pincha —me contestó.

—¿Me estás diciendo que el gato te abre el segundo cajón, se mete dentro, te quita la ropa de encima y te los pincha?

—Así es —dijo riéndose con la fumada que llevaba.

También empecé a encontrar en el armario ropa de otra chica, en el sitio que me había hecho.

Un día me dio por escribirle a Gema por Facebook para preguntarle por qué le caía mal. Los del club decían que porque yo era más joven y nueva, ella porque yo iba de femme fatale. Yo quería llevarme bien con ella, era de las pocas mujeres del club.

Empezamos a hablar. Me dijo que Juan hablaba a la vez con las dos por videollamada y salía en calzoncillos. Luego me enseñó chats donde le decía las mismas cosas de que era especial y que le ponía mucho. Me di cuenta de que hacía videollamada con ella antes que conmigo y que se iba alternando para hablar con ambas. Ella nunca había querido hacer nada con él. Parecía sincera, me dijo que veía que se preocupaba por mí y que hacía cosas conmigo que con ella nunca hizo. Que a mí me quería. Pero a mí me había mentido al decirme que ya no le atraía Gema.

Al día siguiente le pregunté a todas las chicas de su Facebook si alguna vez había intentado algo con ellas.

Marlene, con la que había querido hacer un trío, me pasó chats en los que él intentaba que subiera a su casa y ella se negaba porque le decía que veía que estaba conmigo. Aunque ella siempre le había dado plantón, él le mandaba fotos del pene y le decía lo guapa y especial que era.

Esa noche en la videollamada le dije a Juan de todo lo que me había enterado. Su cara se volvió roja y no supo qué decir. Colgué.

El día después me contestó el mensaje de Facebook una abogada de Madrid. Me enteré de que había ido a verla a ella en vez de a su hermana aquella vez que había viajado. Me dijo que él me quería y que lo suyo había sido sólo una aventura. Yo me apoyé en ella hasta que me dijo que era un paleto y que solo me estaba diciendo lo que Juan le había pedido.

Hicimos un grupo con ella y Gema y nos llamamos "no hay dos sin tres". Nos enteramos que nos ofrecía a todas trabajo en la gasolinera. Era tan surreal, tan maquiavélico todo que me reí y empecé a beber, cogía el vino de mi madre y cuando un día no hubo vino y no me lo esperaba, me dio por fumar un cigarro, rompiendo la promesa que le había hecho a mi madre de nunca fumar.

Empecé a fumar porros, algo que yo siempre había odiado. Ya me había dado a probar Juan alguna calada los días antes de dejarlo. Siempre quería estar bebiendo y no enterarme. Intentaba dejar de sentir dolor, no comprendía nada de lo que me pasaba y ya me estaba dando un poco igual llegar viva a los 18. Pero seguía con la ilusión de que mi vida tuviera un sentido y pudiera ayudar a los demás a través del derecho.

Pero en esas borracheras y fumadas, yo acababa volviendo a Gijón con Juan. Su madre y él me habían llamado para decirme que tenía un problema y que quería cambiar, que ya estaba yendo a visitar el mejor psicólogo de Asturias para dejar de fumar y para solucionar su adicción al sexo.

—Me sentía solo, por eso te dije de venir a vivir conmigo —me dijo llorando—. No te merezco.

Antes de dejar el curso, mis compañeros se seguían metiendo conmigo. Se reían por los pasillos de que era modelo y me imitaban.

En una clase de latín el profesor me preguntó si tenía los deberes:

—Los tengo, pero a lo sucio —le dije.

—Sucia eres tú bastante —dijo Paula.

Los demás se empezaron a reír. Estuve incómoda toda la clase.

—¿Por qué dijiste eso? —le pregunté al rato.

—Ay, ¿no te puedes esperar a que acabe la clase? ¿Tienes que interrumpir? —me contestó y apartó la mirada.

Cuando acabó la clase salimos al pasillo.

—La verdad que no sé qué explicación quieres que te dé. Me apeteció decirlo y si se rieron pues no es mi problema.

Me reí.

—Pues a mí me apetece pegarte —y le pegué como hacían conmigo en casa.

Nadie se atrevía a separarnos. Ella se fue a dirección y yo fui tranquilamente a clase.

Cuando salí de la escuela mi madre estaba eufórica porque por fin me había rebelado. —Mirala, le ha quedado la cara como un mapa —decía.

Estaba tan orgullosa que se lo contó a todo el mundo, aunque me remarcó que lo había hecho demasiado tarde.

A raíz de este incidente me mandaron por una semana a casa y me quitaron el puesto de delegada. La mitad de la clase entendía que por fin hubiera respondido, la otra pensaba que, si ya había aguantado diez años, por qué no había seguido un poco más.

Volví con Juan. Me había dado su contraseña del Facebook, para que no hubiera secretos ni mentiras, para empezar de cero. Me dolió ver tantas conversaciones, pero me apiadé de él, creía en él, pensaba que era un buen hombre y que tenía ese problema por lo que había vivido. Le quería mucho y pensé que le podía ayudar, darle esa confianza de que yo no le haría daño. Le vi muy arrepentido, llorando a mares. Nos abrazamos.

—Te perdono —le consolé.

—Eres un ángel —me dijo—. Qué suerte tengo.

Me quedé en su casa. Volví a casa de mi madre solo para examinarme. Las últimas veces que venía a pegarme, la cogía y la inmovilizaba.

Un día volviendo de hacer deporte, mi madre me cogió del cuello contra la puerta de cristal de la cocina. La desafié:

—Mátame de una vez si es lo que quieres, porque esta va a ser la última vez que me ahogues —le dije.

Estiré el cuello y eché la cabeza hacia atrás.

Por la fuerza que ella hacía sobre mi cuello se cayó uno de los cristales de la puerta y logré respirar. Ella aflojó y le cambió la cara.

—Mira lo que has hecho. Acabas de romper la puerta —. Se tiró al suelo a llorar.

No sé si fue el destino, coincidencia o que ella no me quiso matar. Intentó volver a pegarme antes de que me pudiera mover, le cogí las manos.

—Te dije: esta es la última vez que me ahogas.

La dejé en el suelo llorando y me fui.

Capítulo 9

La calle

Sentía que había perdido las riendas de mi vida o que nunca las había tenido. Después de graduarme, seguí volviendo a Mieres para ver a mi madre y a mis abuelos. A ella le molestaba que hubiera empezado a fumar porros, cuando le había prometido que no fumaría nunca, más que fumaba dentro de casa cuando me quedaba unos días a ayudarla. Una tarde sacamos juntas a Rocco, yo le decía que fumara ella también y que dejara la bebida. Hablé con ella como hablé con Juan para que se abriera internamente:

—Te entiendo. Hiciste toda tu vida alrededor de un hombre y ahora te encuentras perdida. Es normal —le dije.

Entendía hasta su odio hacia mí porque le recordaba a un amor que ya no existía. Lo que no entendía era cómo se le olvidaba que me pegaba.

—Hace mucho que no te pego —me decía siempre.

Mis amigos al principio se compadecieron de mis cuernos y me apoyaban, pero en el momento en que decidí darle otra oportunidad a Juan, a todo el mundo le pareció mal.

A finales de junio, yo quería dos cosas: aguantar los cuatro meses que me quedaban para los 18 y ser feliz con Jua. Veía la minoría de edad como unas cadenas que me condenaban.

Por otro lado, cada vez se me hacía más imposible estar con Juan, yo ya no tenía confianza en él, vivía con nervios y miedo. Sabía que con él no iba a estar en paz ni ser feliz. Me costaba respirar por la ansiedad, estaba deprimida y sufría pesadillas de las que me levantaba gritando, cada día me ponía peor. Tenía miedo a ser como mi madre.

Pensaba que no había nada que se me diera bien o en lo que destacara, me sentía inútil, no era feliz en ninguna parte. Algunos días estaba en la casa de Gijón de mis abuelos, que estaba a pocos metros de la de Juan y su gimnasio, cuando tenía que irme de la casa porque se enfadaba conmigo o porque me decía que tenía que dar un masaje en casa o que quería espacio o la excusa que se le ocurriese. Pasaba tiempo sola en esa casa prestada. Mi mente me decía: esto es lo mejor para ti, tú solo puedes tener esto, mereces estar sola.

Mi único consuelo era escuchar música para no pensar, alejar esos pensamientos que me hacían sentir culpable de vivir; y escribir por si ya no pudiera más con todo y por fin cortara de raíz el sufrimiento.

Fui a ver la obra de teatro del tercer año. Había decidido salirme de la obra un mes antes porque sentía que mi papel no era importante y yo tenía que prepararme para irme de casa. No les pareció apropiado que fuera a verla, pero yo fui para apoyar a Bea. En los agradecimientos, volví a pensar que había perdido el norte: estaba sin metas, sueños, había dejado de luchar por lo que quería, que era hacer el mayor bien posible al mayor número de personas. Me di cuenta en ese momento que mi motivo para subirme a un escenario había sido siempre buscar la aprobación de mi madre.

Me di cuenta de que nunca había tenido personalidad propia, todo lo hacía para satisfacer a mi madre, ni siquiera pensaba por mí misma. Y ahora sólo quería satisfacer a Juan, pero no sabía ni si le quería, si estaba enamorada o qué sentía. Desde que había descubierto la verdad de todo, llevaba un año perdidísima. Quería estar sola, dejar a Juan, pero sabía que no era lo correcto, a pesar de todos los comederos de cabeza que me causaba entenderlo, llenaba un vacío en mí, aunque fuera con una mentira. No sabía lo vacía que estaba hasta que le conocí, el llenó el hueco que intentaba tapar con los tíos a los que me ligaba. Él me había dado por primera vez esperanzas sobre el amor y la familia. Necesitaba estar a su lado por alguna razón desconocida, siempre miraba a su piso con la esperanza de verle. No creía que nada durase para siempre, pero con él tenía la esperanza de que era posible y lucharía por ello.

Empezamos a ir juntos a terapia de pareja, en el mismo psicólogo al que él iba para sus adicciones. Nos había hecho un test a los dos, salíamos como fríos, calculadores y desconfiados. El padre de él me había dicho que lo había pasado muy mal cuando lo dejamos. Juan decía que no estaba satisfecho sexualmente porque había visto y vivido mucho, yo seguía sin disfrutarlo, pero estaba satisfecha.

A veces, Juan se enfadaba tenía ataques de ira. En esos momentos me metía en el baño y tomaba pastillas. Sabía cómo mezclar antiinflamatorios, antibióticos, lo que fuera para colocarme. Empezó a reírse de mí, fuera y dentro de casa, me llamaba tonta, plana, pocojuntas, loca... Me vacilaba todos los días:

—¡Preciosa! —exclamaba.

—Gracias —contestaba yo sonriendo y sonrojándome.

—A ti no, a la baldosa —y estallaba en carcajadas—, ¡qué tonta eres!

Intentamos que dejara de fumar progresivamente y eso le tenía alteradísimo. Las pautas del psicólogo eran que en vez del salón fumara en la ventana de la cocina. Pero él me mandaba a la cama y se ponía a fumar, llorar y gritar. Estaba teniendo un mono fuerte después de años fumando. Comenzó a poner muy agresivo, a dar golpes en los muebles y decía que era por mi culpa, que él trabajaba y que no tenía ni la cena hecha como su padre. Le pedí a mi abuela que me enseñara a hacer una tortilla de patata.

Me llevó a Valencia de Don Juan, donde estuvimos en casa de su tía con los primos y los abuelos. Me daba de fumar muchísimo y él se iba por ahí a cazar Pokemons y a ligar con su amiga de la infancia, aunque ella le rechazaba. Esa fue la primera vez. La segunda vez que fuimos estaba nerviosa. Me dio por mirar la hora en su móvil y vi que una madre del gimnasio le estaba mandando fotos desnudas. Debajo ponía: "¿cuándo repetimos?".

Me estalló la ansiedad. Cuando volvió del porche me dijo:

—Eso es porque hace mucho que no quedamos.

No le creí, me dio un ataque de ira y me fui de la casa gritándole. Su abuela acababa de llegar y decía que estaba loca.

Di vueltas por Valencia de Don Juan, se lo conté al psicólogo y me contestó:

—Sabía que pasaría.

Intenté buscar la forma de volver a Asturias, pero tenía que esperar a que un amigo de León me pudiera recoger al día siguiente. Me encontró Juan con la moto y me llevó de vuelta a Gijón.

Volví a casa de mis abuelos en Gijón. Esta vez ellos estaban ahí y mi abuela me calzaba hostias para que me levantara temprano de la cama.

—Era lo que nos faltaba, que acabaras como tu madre por un picha brava. Levántate ahora mismo —me decía—.

Habíamos durado un mes y estaba recogiendo mis cosas esta vez para siempre, aunque cuántas veces había dicho eso. Cada vez que pensaba en las infidelidades no paraba de vomitar.

Ahora mi única ilusión era llegar a los 18 años. El terapeuta me había dicho: "lo único que tienes es lo más valioso que puedes tener, tu fuerza de voluntad". Me repetía esa frase. Era lo único para lo que era buena y me bastaba para seguir adelante.

Días más tarde, Juan me propuso que quedáramos como amigos, luego como pareja, pero sin sexo. Al final me dijo que seamos amigos, así que me acosté con otro chico, ya que Juan decía que uno de los mayores problemas de nuestra relación era mi falta de experiencia sexual. Sin embargo, cuando se enteró se enfadó y esa noche dormí en su casa, pero en el sofá. Por la mañana me llamó para tener sexo, pero no me quería besar. No entendía nada y sentía que cada día me volvía más loca.

Todo lo que había conseguido desde los 14, todo el control sobre mí se me estaba yendo de las manos. Sufría ataques de ansiedad en plena calle, sentía una opresión en el pecho como si me lo estuvieran pisando, no me entraba el aire por mucho que respirara, parecía que el corazón me iba a explotar o pararse.

Tenía continuos pensamientos de suicidio, ganas de llorar y de quedarme en la cama, mareos, cansancio, inapetencia, bulimia, insomnio, migrañas al despertar. Me apetecía ver a mi familia, pero no quería que me vieran así. No entendía por qué su indecisión estaba acabando conmigo tan rápidamente. Me quedaba mirando a algún punto sin pensar en nada, como absorta en el vacío. Me entretenía limpiando y paseando por ahí, sobre todo en la playa, me encantaba, cada vez que me daba un ataque de ansiedad o Juan se enfadaba, corría hasta la playa a cantar. Fumaba para no suicidarme y bebía para mitigar el dolor y la ansiedad. En ese momento hasta pensaba que era mejor haberme quedado con mi madre, que por lo menos a veces me daba amor.

Seguía volviendo a Mieres cada vez que mi madre me necesitaba, esperaba que, ya que me había quitado mis ahorros, me ayudara a pagar la universidad o me diera algo de la pensión de mi padre.

—Tengo ganas de verte —me decía mi madre—. Solo me escribes por el dinero. Ay, hija, yo te quiero.

Me decía que me daría dinero pero que se encontraba mal para ir al banco.

—¿Qué te pasa conmigo desde que te fuiste? ¿No te importo? ¿Solo el dinero? Llámame y hablamos, no sé vivir sin ti —me repetía.

—Pero si tú me dijiste que no te hablara. Me quitaste la línea —le respondía.

La última vez que había estado en su casa, le había dado un brote y había comenzado a pegarme. Me decía que yo le pertenecía ya que ella lo había dado todo por mí, que por mi culpa tenía las tetas caídas de haberme dado el pecho, que era mi culpa que estuviera mal. Ese día grabé la paliza y me llevé lo puesto. Había conseguido que dijera la verdad y que reconociera que pegaba a mi padre y le había hecho la vida imposible.

Volví a insistir en que me diera la mitad del dinero que necesitaba para la universidad.

—¿Y tu padre te dará la otra mitad? —me preguntó.

—Ya hablare con él —le mentí, porque la verdad es que ignoraba todos mis mensajes.

—Necesito saber si estás en Asturias o no —insistía ella—. Eres menor y tengo que dar mi visto bueno. No sé ni dónde estás, esto no pasa a nadie.

—Pero sí yo llevo desde mayo viviendo sola.

—Me alegra que digas que desde mayo llevas sola, no con Juan Fernández Gómez sin mi autorización. Baja los humos que ya estoy harta, no me hagas denunciarte. Igual denuncio a tu caballeroso novio. ¿Qué es eso de llevar a terapia a una menor sin mi autorización? ¿De qué va? El dinero lo tienes si vives en casa, guapa, si no te tienes que buscar la vida como puedas. No tendrás el dinero que pasa tu padre ni las cuentas de tu abuelo porque debo firmar yo para sacar un euro. Mala niña, muy mala, estas cosas no se hacen.

Volvió a bloquearme.

La terapia de pareja con el psicólogo estaba derivando en una terapia para mí.

Empezaron a hacerme tests y llegaron a la conclusión de que tenía Trastorno de Estrés Postraumático Crónico o TEPT. Me dijo que mi madre tendría trastorno de la personalidad y bipolaridad.

El psicólogo quería que cortara lazos con mi madre, no era bueno que siguiera expuesta al maltrato, quería que le dejara de hablar. Una parte de mí tenía miedo, la otra quería ayudarla y no dejarla sola. Me dio unas pautas para aprender a relajarme una hora todos los días, ya que era incapaz de no hacer nada o disfrutar sin preocuparme.

A los cuatro días mi madre volvió a desbloquearme.

—Te echo de menos y te quiero. Solo eso.

—Ok.

—Llevo más de un mes completamente sola y ya no puedo más. No fui ni a la playa ni a la piscina, no puedo ir sola. Sé que me quieres, aunque no me lo digas.

No le contesté. Al día siguiente insistió:

—Carla, ¿cuándo me vienes a ver?

—Cuando te decidas si me mandas a la mierda o no. O me das el dinero para la uni.

—Vienes y sacas el dinero. ¿No tienes ganas de vernos a Rocco y a mí? Necesito verte hija. No soy capaz. No estoy bien.

—Yo tampoco estoy bien. Tengo ansiedad, no me entra la comida.

—Tranquila, ya sé que no te preocupo lo más mínimo. Es el peor momento de mi vida. Si estuvieras conmigo no tendrías ansiedad y me ayudarías. Carla, yo me estoy dejando morir y no como nada. Adiós, buena hija. Puedes querer a Juan y a mí también.

—Estuve un año dejándome morir y te reías.

—Solo mientes y yo te echo de menos. Sabes que no puedo con Rocco. Te echo de menos cada hora, cada minuto y cada día. Lo puedo jurar y no entiendo aún por qué esto tiene que ser así. Yo no soy un demonio, no, no lo soy. Vente conmigo, aunque sea el tiempo que te falta para los 18. No tengo a nadie. Por favor, vente conmigo. Sabes que te quiero. Eres como tu padre, solo te importa la pasta. A mí no me chantajeas. ¿El rico no suelta un euro? Pobre, es por la obsesión sexual. Satiriasis se llama en hombres, debido a su baja autoestima quieren hacer de menos a las mujeres.

—Y después de todo esto, ¿quieres que te vaya a ver?

—Claro, estando con él a todas horas piensas que no te la va a pegar. Qué pena. Pide tu paga en octubre. Antes ya habré llamado yo a tu padre para que te la quite por estar viviendo con uno. Que alegría le va a dar. Para tratarme como una imbécil ni escribas, sin ti todo es tranquilidad, no me chantajes porque estoy en la gloria.

—¿Estás en la gloria? Me alegro. Que te mueras en ella. Espero que nunca digas que eres una buena madre, nunca fuiste ni una madre. A ver cuándo maduras y te das cuenta que un tío que conozcas en una página no es el amor de tu vida. Que vas de lista y nadie te quiere, yo por lo menos tengo fuerza de voluntad.

—Nadie te quiere a ti mala persona, ni te han querido. Me la suda que vengas a verme o no. Yo moriré en la gloria, tú en la miseria más absoluta con un chiflado porrero y siendo una cornuda siempre. ¿Quién te va a querer a ti, bicho? Te tienen en casa para follar y punto. No verás un euro por mala hija.

Me quería morir a cada minuto. Era muy difícil no contestarle, no seguirle el juego o no caer en que me necesitaba.

El psicólogo me decía que me estaba intentando hacer sentir culpable y Juan estaba de acuerdo con el profesional. Él leía a veces las conversaciones. Fue guardando todas las fotos de golpes, revisó todas las conversaciones y fue mensajes y audios en los que decía que me mataría con el tolete y que no me quería en casa porque le fastidiaba saber que estaba viva. Se pasó días y semanas recopilando de mi móvil y del suyo.

—Por si algún día te decides a denunciar —me dijo—. No te puede hacer nada, porque ya no estás sola y todos hemos visto el maltrato y la manipulación.

Aun así, fui varias veces a hacerle compañía y a Rocco. A veces iba y no me abría, a veces comenzaba a gritarme.

Una de esas veces me dio algo de su parte para la universidad y una nota en un post-it que decía que daba su autorización para que estuviera emancipada. Ese día, mientras lloraba a oscuras en su habitación, arrodillada en el suelo, noté un destello de lucidez y bondad:

—Tienes que irte o acabare matándote.

—Mamá, ¿estás reconociendo que me pegas? ¿entonces te acuerdas? —me tiré en el suelo con ella.

—Claro que me acuerdo. Si no te vas, acabará muy mal. No estoy bien. Aprovecha, coge el dinero y haz tu vida. Yo estaré bien.

Volví a Gijón llorando, mirando la nota sabiendo que sería la última vez que vería lucida a mi madre o lo que se le parecía. Al llegar la llamé para que viniera a casa de mis abuelos, le dije que se pondría mejor.

—¿Crees que me pondré mejor con tus abuelos que son una sarta de mentiras? Te quiero a morir. Si me atrevo, no me verás más en la vida, por lo cual lo mío es todo tuyo. Solo me quiero morir y espero tener mañana la fuerza. Por favor, ocúpate de Rocco o se morirá sin comer y sin salir.

—Joder, ¿cómo me dices esas cosas? Ponte bien y calla. Que hay que ir de viaje juntas a ligar. Con la de hombres que te estás perdiendo.

—Esta noche me voy a suicidar.

Les dije a mis abuelos que fueran a verla, mientras hablaba con ella para ganar tiempo.

Me creía que esta vez se suicidaría de verdad, así que llamé a la policía corriendo, llorando y con ataque de ansiedad. Más tarde, la policía me devolvió la llamada:

— Oiga, no llame para tonterías, que hemos molestado a esta mujer que estaba durmiendo.

Quedé sorprendida y enfadada con mi madre.

Acababa de mudarme a la casa de Adosinda, donde antes había vivido mi madre, ya que mi madre me había dicho que no me quería en la casa de mi abuela de Gijón porque le gastaba la electricidad. En esta casa no había electricidad y había bichos. Cogí piojos en ese mes. Me iba apañando sin cocinar y sin dinero. Me pasaba los días con una vela leyendo "El club de la estrella" de Amy Tan y pensando si saltar del octavo piso. Empecé a mandar mensajes a mi padre de que necesitaba ayuda.

Estaba cansada de las mentiras de mi madre, así que al principio no le creí cuando empezó a llamarme para decirme que mi abuelo estaba malo. Finalmente, supe que era verdad, que estaba en el hospital. Fui a verle corriendo. Tenía cáncer de colon.

Estaba enfadado:

—Esta mierda de comida que me dan, ¿qué es? —dijo al aire—. ¿Y tu madre va a venir a verme?

—¿Cómo que no ha venido?

—No pasó ni una vez. ¿Cuándo va a venir mi hija a verme?

Yo había ido con toda la ilusión de estar con él un rato y solo preguntaba por mi madre. Le dejé un libro en la mesita. No había servido de nada verle, pasaba de mí. Tanto nos habíamos distanciado.

Mi madre había empezado a poner comentarios en mi página de modelo y en su tablón de anuncios. Me insultaba y difamaba.

A los dos días de haber ido al hospital, mi madre me llamó exaltada:

—Carla, por favor, llevo dos días que al sacar al perro me pegan dos gitanas. No las conozco de nada. Una es menor y me da y me da y no se las puedo devolver. La otra parece loca y ayer la gente llamó a la policía. En el parque de la libertad. Estoy en la cama hoy que me han dado hasta con la cabeza en el suelo. Ayer la Nacional preguntó por ti porque no podía estar sola y yo disimulé. No quise ir al médico, aunque estoy llena de golpes, yo no puedo gastar más dinero en abogados.

—¿Por qué te empezaron a pegar? —indagué.

—Porque dicen que no puedo pasar delante de su casa. Es largo, están locas. Y una es menor, 16 años y yo no la puedo tocar, pesa 100 kilos y me machaca. La policía dijo que les tenías que pegar tú.

Ese día estaba en casa de Juan, seguíamos quedando y me seguía pagando el psicólogo. En cuanto vio eso me quitó el móvil:

—Eso es mentira, la policía no va a mandarte a hacer eso. Ni se te ocurra ir.

—Pues voy a ir a ver qué pasó.

Fui a la casa de estas mujeres.

—Soy la hija de Luz, la rubia del perro grande. Me dijo que tuvisteis un problema y quiero saber qué pasó. Vengo de buenas.

—No tenemos nada que hablar contigo. Dejadnos en paz. Viendo la loca esa me imagino a lo que vienes tú y como eres.

—Yo no soy mi madre. Solo vengo a dialogar. Vengo con un peta y me voy a quedar fumando un rato —les dije.

Encendí el peta y puse la navaja suiza encima del coche, en cuyo capó me senté.

—No os voy a hacer nada. Creedme. Solo quiero hablar.

Después de un rato accedieron a bajar.

—Espera, creo que tiene razón y no es como la madre —le dijo una a la otra.

Según me contaron nerviosas, mi madre había sacado al perro al parque y sus hijos de 5 y 7 años se habían acercado a acariciarlo. Pero de repente ya no los vieron. Empezaron a buscar y a la madre le dio por mirar en la calle de arriba, donde vio a mi madre que metía a los niños en el portal.

Ella corrió hasta la casa y empezó a gritar asustada por la situación. Entonces mi madre le escupió en la cara, la gitana le dio una hostia y mi madre una patada en el pecho que la tumbó. Cuando la gitana consiguió levantarse mi madre le echó gas pimienta en los ojos, las otras la cogieron y fueron a la policía.

Les creí la historia. Y ellas se sorprendieron.

—¿Nos crees a nosotras en vez de a tu madre?

—Sí —le expliqué— tal y como describiste la pelea, es igual a las que me daba a mí. Ya no vivo con ella. Siento mucho lo que ha pasado, pero no puedo estar con ella.

Me presentaron a los pequeños que tenían un poco de miedo.

Poco a poco me contaron lo que pasó y cómo mi madre los engañó para subirlos a casa. A la niña le decía que tenía ropa y zapatos para ella.

—Ya pusimos denuncia —me dijo una de ellas—. Lo siento, es tu madre.

—No va a hacer nada la policía. Ya denunciaba yo y nada.

Dos días después dejé de hablar con mi madre. Pensé en denunciarla porque estaba loca o era mala. O necesitaba ayuda o tenía que darse cuenta que no se puede ir haciendo el mal. Quería que se supiera toda la verdad, después de años de mentiras y manipulación, quería que ella viera que por ese camino no era.

Juan y el psicólogo se alegraron muchísimo de que por fin hubiera tomado esa decisión. Empezaron a prepararlo todo. Fuimos a los juzgados de Gijón a hablar con abogados y psicólogos forenses. Yo me sentía en buenas manos. Aunque el padre de Juan no quería que se metiera en mi familia, Juan pasaba de él. El psicólogo iba con nosotros a los juzgados y decía:

—A ver, esto no puede ser. Esta chica es menor y no tiene dónde dormir. Esta en casa de la expareja y tiene que salir de ahí.

Cuando Juan me echaba porque "quería estar solo" me iba un rato a la playa o a cazar Pokemons.

Un día a Juan le dio por contarme cosas que me estaba ocultando de mi madre. Por ejemplo, había visto un perfil mío en Badoo, una app de citas, en las que buscaba una mujer o en otro perfil buscaba un hombre que me diera duro. Se había enterado hace dos meses, pero no me dijo nada.

—Sabía que no eras tú y no era el momento para decirte que tu madre te había creado un perfil —declaró.

Tuve un sueño muy raro. Vi un cementerio y a mi madre arrodillada en una lápida. Como mostró Saramago, no hay más ciego que él que no quiere ver. Pensé que mi madre se moría. Mi psicólogo y Juan me relajaron diciendo que no existen los sueños premonitorios.

El psicólogo consiguió contactar con mi padre en septiembre y coordinó un encuentro con él en el consultorio. Esa noche dormí en casa de Juan y estábamos tan nerviosos que fuimos muy fumados. Cuando llegamos a la consulta, mi padre y el padre de Juan estaban dentro poniéndose al día con el psicólogo sobre la situación. Mi padre estaba muy serio y desconfiado, fuimos a comer los cuatro juntos y se llevaron bien con Juan. Le estuvo contando todo lo que había visto ese año y le había contado, yo solo afirmaba cuando me miraban. Mi padre decidió que como vivía en pareja era mejor dejar de pasarme la pensión. Además, supo que se la quedaba mi madre.

Nos fuimos a un rol en vivo de Juego de Tronos en un castillo. Juan ligaba delante de todos con una que era su hermana en la recreación. Desaparecía por las noches de la fogata común o iba al coche porque quería estar solo y decía que yo le agobiaba. Solo estuvo conmigo lo que dura un encuentro en el baño. Dormíamos las mujeres en una sala común y los hombres en otra, ya que el castillo pertenecía a una abadía o a unos clérigos. Juan no iba a desayunar y en los descansos se perdía en el bosque. De repente aparecía en el comedor como si nada. Me dediqué a fumar con un guerrero que trajo porros para todas las casas. Cada vez que Juan me veía se enfadaba. Cuando tuvimos que dar la vuelta se negó:

—¿Por qué no pides que te lleve el amiguito ese? —me gritó—.

Los viajes se habían convertido en un infierno, no me hablaba, aceleraba y decía que quería estrellar el coche.

Al volver del viaje me llamó un amigo del club de la forja. Contesté ilusionada porque hacía mucho que no hablaba con él.

—Ey, ¿qué tal?

—Carla, lo siento mucho. Tu abuelo ha muerto —me lapidó—. Llegó esta mañana el cadáver. Estoy con tu abuela.

Llamaba desde su trabajo en la funeraria de Mieres. Me quedé de piedra, no lloré. Juan se quedó mirándome sin apenas respirar esperando una expresión en mi cara. Tras muchos minutos me dijo:

—¿Estás bien? ¿Necesitas algo?

—No, ¿por?

—Puedes llorar si quieres, nadie te va a pegar si lloras.

—Es el ciclo de la vida.

Le dio miedo mi pasividad.

En el funeral me estaban esperando unos amigos del club en la puerta para que mi madre y mi abuela pasaran primero sin tener problemas. Mi madre en vez de ir de negro, iba de blanco. Con mi amiga Desiré teníamos el plan: coger mis cosas de casa después de la misa, mientras enterraban a mi abuelo.

Fuimos a casa con el coche de Desiré. No sabía qué llevarme. Cogí algunas cosas al azar. Miré por última vez esa habitación de princesa donde había crecido para quedarme con la foto en mi cabeza para siempre. Mi madre llevaba años queriendo poner un vestidor en esa sala. Dejé todas las llaves que me quedaban en la entrada. Me estaba despidiendo de Rocco, diciéndole que volvería a por él en cuanto encontrara un sitio, que nunca le abandonaría, cuando vi la llamada de Desi que me avisaba que mi madre estaba llegando.

Era tarde, ya estaba entrando en casa:

—¿Qué haces? ¿Te vas a ir de verdad? ¿Justo hoy, que se ha muerto mi padre?

—Lo siento mucho por Rocco y por ti —balbuceaba llorando—. Déjame irme.

No me pegó, no me puso ningún impedimento. Se apartó y solo pensé en marchar corriendo.

Volvimos a Gijón y avisamos a Juan para que nos ayudara a subir las cosas a su casa.

Denuncié a mi madre el 20 de septiembre. Por miedo, por justicia, por muchas razones que me habían hecho tomar esa fuerte decisión. Teníamos el problema de que faltaba menos de un mes para mis 18 y estaba en tierra de nadie. Me decían que era mejor esperar o que no se lo tomarían en serio, otros decían que necesitaba una casa. Intenté entrar a una casa de menores, pero como faltaba tan poco para mis 18, no era posible.

En la policía nacional de Mieres mi padre no quería firmar la denuncia, pero al final accedió. Ese día me fui con Desi de viaje a un evento de rol.

Días más tarde, cuando fuimos al juzgado de instrucción de Mieres, mi padre se negó a decir dónde vivía. Tenía miedo por todo lo que le habíamos hecho y yo lo entendía.

Me enseñó en casa conversaciones de su móvil en las que supuestamente yo le insultaba o le intentaba manipular.

—Esta no soy yo —le dije.

—¿Y por qué es desde tú móvil?

—Porque no lo llevaba a clase por si me lo robaban. Esa es mi madre. Lo hizo también con mi jefe y amigos y luego borraba las conversaciones para que yo no supiera.

Me llevé un chasco con la universidad. Todos tenían portátiles y yo apenas podía pagarme los libros. Seguía con piojos, olía a vinagre y se me estaba cayendo el pelo por los productos. Empecé a llevarme con Roxana, una chica con pelo corto, que perfumaba con su propia personalidad. Vivía al lado de la universidad con un gato sin pelo llamado Motxo y fumaba. Entre clase y clase nos contamos la vida, ambas éramos listas y lo habíamos pasado mal, ella me sacaba años porque había estado en un centro de rehabilitación. Nos ayudábamos con los estudios, ella sabía de economía y yo de latín. Decidió regalarme el libro de Derecho romano y la Playstation 2, con el juego de Resident Evil. Se portaba muy bien conmigo y nos lo pasábamos mejor. Sentía que tenía una amiga. Juan me regaló el Kindle para que pudiera estudiar.

El día de mi cumpleaños me llevó a Oviedo. Fui a abrir una cuenta en un banco. Cuando salí del edificio, Juan no estaba, estaba sin batería y muerta de miedo por lo enfadado que se iba a poner. Cuando conseguí cargar el móvil, me llamó Roxana, mi amiga de clase:

—Tía, Juan está en mi casa dando gritos y llamándote gilipollas. Dile donde estás y que se largue. Que no vuelva.

Cuando volví a clase, Roxana me ignoraba. Me pareció normal. No tenía nada que ofrecer, me costaba conseguir los libros, hacer los trabajos, seguir las clases y hasta pagar el bus o las fotocopias. Aun así, seguía el curso como podía. Dormía en el sofá por los piojos y Juan había vuelto a hablar y quedar con su expareja. Era lo más normal que Roxana no quisiera problemas y se buscara otro grupo con el que alcanzar sus objetivos.

Fui a sacar el dinero de la cuenta que me había dejado mi abuelo:

—Se ha puesto en venta —me dijo el banquero.

—¿Cómo?

—Que ya no está, alguien sacó el dinero

—Pero solo yo soy la titular para sacarlo.

177

No tenía donde vivir, ni dinero para salir de esa situación.

Juan tomó la decisión de que me fuera a vivir con mi padre un tiempo. Me parecía pronto y sentía que ya no lo conocía a mi padre.

El día que mi padre me recogió en Gijón para llevarme a vivir con mis abuelos, me amenazó:

—Tus abuelos se han portado muy bien conmigo —me apuntó con el dedo—. Espero que tú te portes bien con ellos.

En el camino a casa, empezó a decirme que no le parecía bien que hubiera escogido una carrera sin consultarle.

Cuando llegamos me dijo:

—Como le digas a tu madre dónde viven tus abuelos, prepárate.

—No diré nada. Ya no me hablo con ella. Además, me hizo prometerle que no me juntaría a esta familia o me mataría.

Intentaba molestar lo menos posible, me habían ofrecido cama, agua caliente y comida sin pagarla. Mis cosas seguían en casa de Juan, tampoco tenía sitio en esa casa donde dejarlas.

Estuve poco, no funcionó. Me sentía amenazada, apenas veía a mi padre y cuando lo hacía se enfadaba conmigo. Me castigaban todos los días psicológicamente. Notaba desprecio hacia mí, me decía:

—El día que te vi en el psicólogo, yo no vi a mi hija. Vi a dos drogatas muy fumados.

Cada vez que se enfadaba me amenazaba y me decía que volviera a casa de mi madre, sabiendo que era imposible. Me sentía como un parásito en esa familia que tanto daño había hecho la mía.

—Tu madre me alejó de mi familia, pero cuando estuve en la miseria ellos me ayudaron. Les debo todo. Ya veremos cómo puedes aportar tú en el futuro. De momento ayudarás a tu abuela y la acompañarás a comprar.

Se notaba que no me querían ahí, no se lo esperaban y mucho menos que dependiera de ellos. Era una intrusa. Me sentía falta de alguna muestra de afecto, aunque fuera una caricia con una mano no violenta.

Hablé con Juan y me dejó volver a su casa. Empecé a trabajar como comercial de Thermomix. Se suponía que tenía que hacer demostraciones en casa con gente y con mi supervisora, pero no tenía casa y en el techo en el que me permitían vivir, ya sea en casa de Juan o en la casa de la madre de mi padre no querían que entrara gente ajena. No conseguía vender ni una y cuando me vieron llevar el robot de cocina por el transporte público decidieron echarme.

—¿Por qué me mandaste con mi padre? ¿Y por qué ahora me dejaste volver si ya no me quieres? —le pregunté a Juan.

—Porque no esperaba que tu padre también fuera un gilipollas como tu madre. Esperaba que al menos él fuera normal. Pero no tienes suerte y no te voy a dejar por ahí drogándote debajo de cualquier puente.

Seguía teniendo que compensarlo sexualmente de vez en cuando, le intentaba esperar arreglada.

Empecé a compensar económicamente con lo poco que tenía de la pensión.

Viajamos juntos a unas jornadas y yo aporté la mitad de la gasolina. El lunes, hablando con el padre en el gimnasio, descubrimos que me estaba haciendo pagar la mitad de los gastos de gasolina y de casa, cuando en realidad se lo estaba pagando el padre todo. El padre entró en cólera cuando se recuperó de la sorpresa.

—Os estaba regalando el viaje a los dos, para que fuerais —me dijo—.

No tardaron en el gabinete psicológico en ver mi situación. Yo le quitaba importancia, quería parecer fría para no parecer débil. Hasta que la psicóloga me preguntó:

—¿Dónde vives?

—No lo sé, en casa de mi ex o en casa de los padres de mi padre. Según quien quiera.

—¿No tienes llaves?

—De ningún sitio. Solo puedo entrar cuando hay alguien y si me quieren abrir.

—¿Y cómo haces?

—Llevo siempre una mochila con muda, algunas cosas y los libros. Por si a la vuelta no puedo entrar.

Les puse en alerta y pusieron en marcha una solución.

—Tranquila, aguanta como puedas —me dijeron—.

En la Universidad, algunos profesores también empezaron a notar que algo no iba bien. Llegaba el invierno y apenas tenía ropa. Ponía una camiseta encima de otra y fumar me hacía comer menos ya que no me podía permitir gastar. En una clase empecé a llorar sin parar, no podía detenerme. Me metí en el baño y decidí irme a casa. Ya me había pasado otras dos veces. Juan se enojaba si no iba a la universidad:

—Faltas a clase para controlarme —me decía.

La verdad es que me daba igual si se acostaba con otras. Solo quería salir de ese agujero. Cuando se enfadaba golpeaba las paredes. En el primer golpe entendí que me tenía que ir o acabaría pegándome a mí. En una de esas situaciones en las que me insultaba, exploté. Me metí en el baño y me corté en la parte posterior del brazo. Me sentía culpable por todo, me merecía dolor más que el cariño que tanto buscaba.

Empecé a preguntar a los profesores dudas que tenía sobre mis juicios y me ayudaron. —Toma mi número por si necesitas algo —me dijo Gemma, la profesora de Romano—.

Al no tener casa, no tenía médico. Necesitaba empadronarme en alguna para poder tener un domicilio. Mi padre no quería y Juan tenía miedo de que no me pudiera desempadronar nunca. El psicólogo de los juzgados, Carlos, resolvió eso en meses. Me ofreció una casa para empadronarme. Juan se enfadó y me mandó dormir en el sofá. —Mañana no te quiero aquí. —me dijo.

Me fui al sofá y hablé con el psicólogo. Me dijo que intentara dormir, que ya me sacarían de ahí. Me acerqué de madrugada a dormir con Juan, esperando una reconciliación. Por la mañana se enfadó al verme al lado. Empezó a gritarme, insultarme, reprocharme y yo estallé. Empecé a insultarle también, a devolverle la misma ira enajenada, diciéndole todo lo que me había aguantado ese año y medio. Llamó a mi padre para que viniera a por mí. Éste viendo que estaba enfurecida con Juan, le dio la razón a él. Me echó de casa vestida por los pelos y con la regla, el martes 13 de diciembre.

Llamé a un amigo que hacía años que no veía, había vuelto de viaje del Tíbet y había montado una cervecería en la zona de estudiantes de Oviedo. Cuando bajé las escaleras, Aithor, mi amigo de teatro estaba con el coche esperándome para llevarme a su casa.

Capítulo 10

La Casa

Aithor había alquilado una casa en las afueras de Gijón. Nos pusimos al día y se disculpó por haber dejado de hablarme cuando empezó a ver cosas raras de mi madre.

Me dio de fumar para calmar el ataque de ansiedad y me ofreció quedarme ahí con la novia, aunque ella no pudo dar su opinión pues estaba trabajando hasta la noche. Después de unas horas me llamó Carlos, el psicólogo judicial:

—¿Dónde estás ahora?

—Fumando con un amigo que me ofrece su casa.

—No te preocupes. Tenemos un sitio para ti donde estarás bien —me dijo—. Que te acerque tu amigo a la Casa de la Mujer de Oviedo por la noche. Lo siento, estábamos esperando por una plaza en la de Gijón.

—Muchas gracias —rompí a llorar otra vez, de agradecimiento y pena a la vez.

Cuando llegamos, mi amigo tuvo que esperar fuera, ya que no podía entrar ningún hombre. Solo podía ser hombre el portero: la organización estaba compuesta por mujeres y había cámaras en todos los sitios comunes. Me dieron una bolsa con cosas básicas. Por fin pude ponerme una compresa, lloré durante media hora cuando me las entregaron. Me dieron desayuno, productos de limpieza e higiene y lo que había sobrado de la comida del día. Si necesitaba algo solo tenía que bajar a la planta baja a pedirlo. Estaba hecha mierda, pero me parecía el cielo, seguro y cálido. Me llevaron al primer piso donde estaba la cocina sin enseres y la sala común con una tele que no iba.

Me había tocado compartir un apartamento que tenía una lavadora y tendal, vistas a la autopista, bañera, un pequeño salón con dos mesas, sofá, una estantería y una mini-nevera. Había dos habitaciones, una con dos camas, que era la mía, y otra con una cama donde dormía una chica de treinta y pocos con su niño de 4 años. Esa chica me recibió con los brazos abiertos, con amor y con una lata de marihuana que ella misma cultivaba. Venía de Pola de Lena y llevaba una semana viviendo ahí, era asesora, rubia teñida de pelo corto y ojos grandes y marrones, era muy guapa. Su niño también era un amor, bueno, inteligente, educado, obediente, empático, alegre, guapo... Me asombraba lo bien que lo había educado, sin riñas, sin levantarle la voz y sin pegarle, a pesar de que tuviera días de bajón en los que no podía con todo. Ella quería ser lo contrario a su madre. Venía de una casa donde su marido la maltrataba, pero no conseguía desengancharse de él. Le confesé que yo estaba ahí por mi madre, no por mi expareja, pero dependía de él.

Aproveché los últimos 100 euros que tenía para comprar ropa barata de invierno en el Primark, un par de tejanos, ropa interior, tres jerseys y una bata roja.

Poco a poco me fui haciendo amiga de las vecinas de los demás pisos. Había dos señoras de 70 años que lo habían dejado todo atrás y se habían quedado sin nada, a mí me parecían lo más valiente que había visto.

Había otras gitanas y un par de musulmanas que apenas hablaban.

Todas estaban haciendo lo que podían para trabajar, buscar un sitio seguro para sus hijos y así darles un futuro mejor.

Dos gitanas venían a menudo a nuestro apartamento a hablar con Cinthya y a hacer jugar juntos a los niños. Una de ellas tenía tres hijos que se portaban fatal, incluso le pegaban. Me dolía verlo, ella no se lo devolvía, intentaba que comieran, se ponía a llorar cuando colapsaba, pero seguía intentándolo. Esos niños de menos de 7 años habían visto a su padre maltratar a su madre.

Ellas intentaban ser alegres, hacían el esfuerzo de creerse su actuación por sus hijos. Empecé a rondar por los apartamentos para hacerme cargo de los niños durante un rato y que ellas pudieran echarse un cigarro para desahogarse. Me había dejado los apuntes y el material en casa de Juan y no podía estudiar, me habían echado de Thermomix por no hacer ventas y me sobraba mucho tiempo libre para pensar, fumar, limpiar y leer. A veces, el psicólogo del juicio me venía a buscar, para darme una vuelta en moto o un paseo, pero siempre acababa en casa de Juan. También me animaba a ir a juicios públicos para aprender y para que pudiera sentirme identificada con otros casos. Estaba asombrado de lo que decía mi madre sobre mí y de cómo era yo en realidad. En navidades mi compañera de piso se fue a celebrar con unos amigos; yo me quedé a cenar todas juntas en el salón común. Me puse un vestido de lo poco que saqué de casa y la bata roja. Notaba las caras tristes de todas y el aire cargado de pena. Intenté animarlas, yo estaba contenta por la cena y las gambas que nos daban:

—¿Quién quiere ver a Paz Padilla o comentar los trajes de las presentadoras de Telecinco?

Con la manga de la bata, me metí detrás e intenté arreglar la tele que no funcionaba. El aire cambió en cuanto se encendió la cadena. Las caras largas y rostros sombríos pasaron a tener brillo en los ojos, me empezaron a llamar "Mamá Noel".

En Nochevieja después de la cena, me vino a buscar Juan. Se enfadó porque el coche le había dejado de funcionar mientras venía a buscarme, me dijo que era mi culpa. Me echó un polvo y se puso a leer a Santiago Posteguillo. Yo me estaba dando cuenta de que estaba con él solo para no sentirme sola. Por poder sentir calidez de algún gesto de afecto o cercanía, un abrazo, un beso. Sabía que era solo sexual, pero me valía. Él me utilizaba de una forma y yo a él de otra.

El segundo semestre de la universidad se veía perdido nada más empezar. Me hacían bullying; yo intentaba obviar los comentarios con la música y mirando a otro lado. Antes de acabar el primer semestre, me había hecho amiga de una dominicana que también estaba sola. Tenía 28 años, un niño de 8 y un novio que la maltrataba, pero era muy inteligente. También empecé a llevarme con Bas, un chaval musculado y grande de guinea ecuatorial que vivía en el centro de Oviedo.

Danilsa me daba de fumar, me pagaba los autobuses interurbanos o me daba de comer, de dormir; hasta me bajaba al centro para comprarme ropa. Bas también me compraba comida y me invitaba a tomar, después me acompañaba a la Casa de La Mujer. Se había corrido el rumor, gracias a Roxanna, de que había denunciado a mis dos padres, así que me tenían por una rata en la Uni. Tuve suerte al juntarme con el grupo de Bas y Danilsa: tenían sus problemas, pero confiábamos los unos en los otros y nos ayudábamos. Danilsa estaba intentando ahorrar para un piso en Oviedo, sin que se enterara su pareja de Mieres, con lo que ganaba haciendo trabajos de peluquería y trenzas.

Con Cynthia salía por el día, pasamos las navidades juntas y unos meses en los que nos lo pasábamos bien. Paseábamos con el hijo y hacíamos actividades juntas. A ella también le encantaba Gijón, pero tenía malos recuerdos. Su forma de vestir era similar a la de mi madre. Me acompañó a la casa de Juan en el bus a por las cosas de mi vida. Me enseñó muchas cosas como madre. Me encantaba ella, su mirada y su sonrisa. No sabía si la admiraba o me había enamorado de ella. Me guió mucho y lloré mucho cuando acabamos enfadadas, dándonos donde más nos dolía. Cuando se fue, no dejó ni que nos saludáramos el niño y yo. Nunca me volvió a hablar.

Estuve un tiempo sola en el apartamento de la casa Malva. Decidí cambiarme de habitación a la más pequeña, pero dejé los pósters que me había llevado de casa pegados en las paredes del otro cuarto. La siguiente compañera que tuve era una esquizofrénica que fumaba más de lo normal y no hacía nada más, pero tenía al marido enganchado siguiéndola. No debió durar ni un mes.

Cuando volví a la habitación de dos camas, me di cuenta que habían entrado las de la limpieza y me habían tirado los carteles que había puesto para hacer mía mi habitación. Se me cayó el mundo, era de los pocos recuerdos que me había llevado de casa.

Volví a estar sola hasta que me picaron en el piso. Cuando abrí vi a una chica paraguaya de apenas de metro cincuenta que tenía cara de buena. Tenía una bolsa con ropa en la mano derecha.

—Soy nueva en la casa, vivo en el piso de arriba —me dijo—. Buscaba alguien que quisiera esta ropa.

Nos hicimos amigas. Me peinaba y maquillaba antes de ir a la universidad para que fuera guapa y alegre. Hasta me ponía lentillas de ojos verdes.

Cuando mi padre se enteró donde vivía, me vino a ver un par de veces. Mi padre me acabó confesando que tenía otra familia, por eso en septiembre no dormía en casa, pero no me podía decir dónde se quedaba. Iba a Pola a comer con la familia los domingos y empecé a conocer a mi madrastra Hilda. Me recordaba a mi madre en sus formas y gestos. Tenía estilo, pelo rubio teñido y era muy delgada. También conocí a mi hermanastra Martina, una chica de 25 años de pelo largo negro que aún no sabía que quería hacer.

En La Casa Morada teníamos tres platos de comida por la mañana y otros tres por la tarde. Era comida hecha por voluntarios el día antes y envasada al vacío. Variaban el menú bastante y era buena comida. Las gitanas que habían cogido confianza conmigo me pedían cambiarle los platos que no les gustaban. A mí me daba igual, me parecía un lujo esa comida. Comencé a cuidarles a los niños para que pudieran ir a trabajar. También me apunté de voluntaria en la Cruz Roja. Hice la formación básica que estuvo muy interesante, los primeros auxilios y me decanté por la teleasistencia domiciliaria a personas mayores. Quería oír la historia de los ancianos y darles compañía.

Conseguí trabajo gracias a mi amigo Damián, que trabajaba en una sidrería y me consiguió una oportunidad en una cafetería.

—Hago esto porque le debo un favor —me explicó en seguida el jefe—. Así que vives en la Casa de la Mujer y sin experiencia —me dijo, con desgano—.

Empecé a trabajar desde las 11 de la noche o cuando llegaba de la universidad, hasta las 3 o 5 de la madrugada. Era un problema para la casa que yo volviera tan tarde, ya que la Casa Violeta tenía la norma de cerrar las puertas a medianoche. Ya habían comenzado a llamarme la atención por estar de noche viendo la tele en las zonas comunes y por el olor a María. No me llevaba bien con la psicóloga a la que teníamos que acudir por obligación dentro del programa. No nos ayudaba a ninguna y nos hacía sentir fatal y culpable cada vez que íbamos. Dejé de ir.

Me intentaron enseñar en la cafetería, pero no cumplía con las exigencias que pedían, no estaba acostumbrada al ritmo de atender a toda la flota de la basura, aunque me trataban con paciencia intentando que no me pusiera nerviosa con la cafetera.

Por lo menos ya tenía una base, empecé a buscar trabajo por cafeterías de Oviedo y por el centro. Hacía pruebas en las que, si tenía suerte, me pagaban las horas de trabajo. No conseguía tener ninguna ayuda, seguía adscrita al patrimonio de mi madre. Se me ocurrió ir a pedir la RAE, una renta de 400 euros al mes para mujeres con sentencias de violencia de género, casi todas en la Casa la tenían. Mentí en la administración, dije que había denunciado a mi expareja y que estaba esperando la sentencia. Al principio no me creían porque esos juicios se resuelven rápido, tras llorar y suplicar conseguí la ayuda, aunque en parte me sentía mal por haber mentido.

Estaba intentando pedir una pensión a mi madre, como me aconsejaba mi padre, por una abogada civil de la justicia gratuita de Oviedo.

Tras aportar todos los documentos, mi madre contrarrestó diciendo que tenía buena relación con mi padre, que era modelo y ganaba dinero de esa forma y aportó grabaciones en las que la insultaba. Yo aporté las grabaciones suyas y un documento firmado por la directora de la agencia de modelos que decía que como amateur yo no ganaba dinero. Mi padre por detrás quería que mi madre me pasara pensión, pero no quería que al ver el patrimonio de los dos le subieran su parte de la pensión (que algunos meses ni me pasaba). Me retracté de pedirle nada a mi madre más que las cuentas que me robó, por ese miedo de mi padre a tener que darme más dinero y porque mi madre me puso un detective privado a seguirme una semana. Lo comprobé cuando me hizo ver las fotos de toda mi semana. Alguien le había dicho dónde estaba, así que tuve que volver a cambiar de número. Decidí apañarme sin pedirles nada de sus obligaciones, tuve suerte de que el detective no me vio fumando porros, porque me pasaba mucho tiempo en la universidad yendo a la biblioteca o a la sala de ordenadores de la universidad de al lado. No teníamos internet en la Casa, el profesor de civil se reía de eso: ¿quién no tiene internet hoy en casa?

Yo jugaba, pasaba las tardes o buscaba por internet desde el móvil en el centro comercial hasta que cerraban y veía series en la universidad. Mi padre me dio un portátil antiguo, pero no conectaba internet y se le caían las teclas, pero al menos me sirvió para ver películas con Eva en el piso. Bas ya estaba cogiendo asco a mi padre después de todo lo que había visto esos pocos meses. Encontré un portátil por 50 euros en una tienda de segunda mano, y pude ponerme al día con las clases y con el campus online.

Con Eva dábamos paseos, íbamos a tomar batidos, rutas, cruzábamos el puente por encima de la autopista para ir al local con zona de dardos y billar. A ella no le gustaba que fumara, porque su ex era el que plantaba para venderlo por Oviedo, pero se dio cuenta de que no sabía hacerme un porro y era más olor que lo que me colocaba. Decía que su madre también le pegaba a su hermano y a ella pero que luego lo negaba porque no lo recordaba. Su hermano sí que fumaba, no hacía otra cosa. Ella se estaba perdiendo pero de otra forma, estuvo saliendo con un chaval que no llegarían ni al mes juntos. Ella se dedicaba a sacar dinero cuidando ancianos, había conseguido el empleo en la iglesia y me decía que yo también fuera a pedir trabajo allí, pero me negaba porque ya no creía en Dios, sino en el budismo, la bondad, la luz y cualquier ser viviente. Ella me trataba genial, me elogiaba, me subía la autoestima, me animaba y veía lo mejor de mí.

Empezó a ligar con el nieto de una anciana, que tenía novia:

—Cualquier hombre es infiel —me decía—. Solo hay que saber cómo seducirlo.

Estuvo liándose con él hasta que rompió la relación con su novia; en ese momento dejó de quedar con él. Conseguía que cualquiera de la Uni bajara a jugar con nosotras y había levantado deseos entre mis compañeros. Yo notaba como esa chica que parecía un ser de luz se estaba volviendo oscura. Le gustaba la magia, con el tiempo libre de la Casa estudió magia blanca y al ver que no le proporcionaba lo que quería, decidió practicar la magia negra, aprender a manipular y aprovecharse de su cara de niña buena.

Sabía que se estaba perdiendo, pero yo no tenía a otra persona cerca, no había nadie que estuviera conmigo todos los días. Hasta que un día pasó lo previsto. Fuimos a casa de Juan las dos, él sacó el cardhu para Eva:

—¿Y a Carla no le das? —le dijo—. Me parece feo.

—Es que ella bebe mucho.

Nos dejó probar su nuevo casco virtual, en el que pones un juego y te mueves por la habitación como si estuvieras en él. En este caso era una montaña rusa de terror con payasos que te intentaban matar a los que tenías que ir disparando. Eva al poco de probarlo lo dejó. A mí nunca me había dejado probarlo y tenía mucha ilusión, era lo último en tecnología. Me puso el casco en la cabeza y unos auriculares. Empecé a notar algo raro. Al disparar y tener reflejos de los sustos, se me caían los cascos pero ellos me los volvían a poner. Sin embargo, en esos instantes notaba jadeos y respiraciones fuertes y entrecortadas, susurros de deseo... No quería ver lo que estaba pasando detrás de mí, pero se me corrían las lágrimas y no podía más. Decidí quitarme el casco y darme la vuelta hacia el sofá, les pillé separándose con los rostros enrojecidos quedándose quietos.

—¿Ya acabaste? ¿No quieres jugar más? —me dijo Juan.

—Debes estar de coña, tío. No me jodas.

Llorando recogí las cosas y me fui con otra bolsa de cosas de casa y con Eva en el bus.

—Lo hice por ti —me dijo—. Para que te dieras cuenta de que no te conviene. No me gusta, no nos besamos, solo le rozaba el cuello con la nariz para provocarle. Él me decía que fuéramos a la cama, que no te darías cuenta y yo me negué. Lo hice por ti.

—No hacía falta que hicieras eso para darme cuenta. Ya sé quién es —le contesté, enfadada, y pasé de lo que me seguía diciendo.

Seguí hablando con Eva, si es que me daba igual todo. Llevaba meses pensando que mi vida era un regalo. Haber llegado a los 18 años y tener un techo era un milagro. Sentía que vivía de prórroga, porque alguien me lo había permitido. No quería estar sola, sintiendo que mi madre se vengaría por todo, me mataría o mandaría a alguien; fumando para no tener pensamientos de suicidarme o sentir un dolor en el pecho que no podía tapar. Eva se reía de Juan, le provocaba para hacer un trío y le mandaba fotos desnudas; luego me enseñaba las conversaciones. Volví a quedar con él cuando mi cuerpo y mente se despertaron de la parálisis, me contó y me enseñó las mentiras de Eva, y la obsesión que tenía ella con mis pechos. Cuando la llamé para que confesara, se enfadó conmigo y dejó de hablarme.

Yo gastaba el poco dinero que tenía en transporte. Mi padre decía que no me hacía falta coger el bus para subir, pero tardaba mucho. Un día pregunté en secretaría si me podían prestar un euro para el autobús, pero se negaron. Eva pasaba por la entrada y se ofreció a dármelo como muestra de paz. Volvimos a hablar.

Llegó una nueva compañera a mi piso, Yaiza. Tenía veinticinco años, pelo largo rubio y ojos azules. Era blanca, guapa, alta y gordita. Tenía tres hijos que estaban no se saben dónde, uno de ellos, el más pequeño, estaba en el centro materno de Oviedo.

Me trataba bien, era buena convivencia y nos hacíamos compañía. Ella era muy sexual y fiestera. Salíamos todas las noches y algunas llegábamos fuera de hora.

Mi primera raya me la puso ella. No controlaba ni la libido ni las drogas. Una noche en la entrada del pub, nos dieron a fumar un "nevadito", un porro con una raya encima. Ella acabó en una cochera teniendo un orgasmo al verse rodeada de hombres. Yo no sabía lo que le estaba pasando. Pensaba que estaba entrando en pánico o que algo le había sentado mal. Pensé que estaba sufriendo, me lo tuvieron que explicar los chicos, que se fueron dejándonos refrescos, pañuelos y algo de comida para cuando se le bajara.

A ella le gustaba ponerse en pasión.com, una página en la que cobraban por tener sexo con desconocidos. Quería ir conmigo a un pub de intercambio de parejas o hacer un trío con un chaval con el que ella estaba chupándosela detrás de su negocio. Si se quería tirar a alguien me encasquetaba al amigo. Yo me replanteaba mi sexualidad, no sabía si era hetero, bisexual, anorgásmica, asexual.

Aunque veía con malos ojos lo que me había hecho Eva, nos llevábamos bien entre las tres. No teníamos mucho más, pasábamos las horas en el pub de enfrente esperando a que nos invitaran. Nos creíamos princesas que no podían decir donde vivían y se tenían que ir a las 12. Ellas ligaban, yo simplemente observaba y me evadía. Cuando mi padre se enteró lo que había ocurrido con Eva, me dijo:

—Un día mi amigo se lío con una pareja que tenía y dejó de ser mi amigo.

Yo no hice caso, seguía pasando tiempo con ambas. Yaiza me presentó a su expareja, Mateo, y el padre de su último hijo, con el que seguía quedando a pesar de que la maltrataba. Nos permitieron ir un par de días a León a conocer a su familia, se me agotaba el tiempo de reinserción de la casa, ya había pedido un mes de prórroga para saber que hacer. Me planteaba vivir con ella, pero su familia apenas tenía para ellos, aunque me trataron como a una más. Éramos uña y carne.

Terminé el curso y volví a intentar vivir con los padres de mi padre por propuesta de él. Tenía ya mis cosas preparadas, me había despedido de todo el edificio. Eva se había intentado reconciliar con su madre y ya se había ido. Me daba pena no volver a ver a los niños que me habían dado dibujos de "Mamá Noel" y recuerdos, ni a esas mujeres que a pesar de sus problemas habían confiado en mí y me habrían tratado con abrazos.

—Hablaré sobre vosotras algún día —les dije —contaré la historia de cómo me ayudasteis. No os olvidaré, os deseo lo mejor.

Estaba despidiéndome de una de las gitanas mientras esperaba el coche, cuando me llamó mi padre:

—Devuelve lo que has robado, pero ya —me gritó enfadado.

—No sé de qué me hablas —le dije desconcertada.

—Ya sabes de lo que hablo. El domingo pasado tardaste mucho en el baño. Miré una cámara que puse en la habitación de tu abuela y se ve como entras y le coges unas joyas del cajón.

—Si vas a decir una mentira para destapar otra, asegúrate de que la otra persona miente. No tienes cámaras, no mientas. No cogí nada, te lo juro —insistía.

—O lo devuelves, o atente a las consecuencias.

La gitana oyó los gritos de mi padre por el teléfono y toda la conversación. Estaba con la boca abierta. Yo rompí a llorar. Se lanzó sobre las cajas con mis cosas y empezó a sacarlas a puñados.

—Tú no te vas. Después de eso… tú no te vas con él ni loca —me gritaba—. Te quedas conmigo.

—Tengo que irme, se me agotó el tiempo aquí. Devolveré lo que me pide —decía llorando.

—Pero, ¿qué vas a devolver si no sabes ni lo que es?

En el coche sus padres no dijeron ni una palabra.

—Abu… ela, ¿qué desapareció?

—Nada, unas alianzas y un Rolex—me dijo.

Empecé a hacer cálculos en la cabeza de cómo pagar eso para quedarme con ellos, mientras temblaba. Cuando llegamos a casa, mi abuela me dijo que había aparecido, que estaba guardado en un cajón en mi habitación y se le olvidó. Volví a respirar, como si quisiera tragar todo el aire del mundo. Esperé a ver si esa noche mi padre pasaba a dormir. Así fue, cenamos como si no hubiera pasado nada y al irnos a fumar el cigarro en el balcón me dijo:

—Lo primero. Hiciste bien en devolverlo.

—Te juro que esa bolsita azul lleva en ese cajón desde septiembre. La he visto mil veces.

—Cállate, que estoy hablando yo. Llegaste y lo primero que hiciste fue entrar en tu habitación.

—Entré a dejar mis cosas —le dije, sin poder creer que no me diera ni una disculpa—. Solo tengo una silla para dejar mis cosas.

—Segundo, a mí no me tomas por tonto. Entraste en la casa de la mujer porque te arañó un gato y dijiste que te lo hizo tu pareja. Espero no enterarme que lo has denunciado falsamente.

No pude dormir, había conseguido avanzar algo en la casa de la mujer y por la borda en un día. Evidentemente, no fumaba porros en la terraza de esa casa, apenas podía echar un cigarro en el balcón de mi habitación, tenía que irme a la cocina para que se enteraran si me movía por la casa y me venían a buscar. Él tenía miedo a que fumara porros y pensaba que robaba para comprarlos. A mí me daba miedo hacer algo mal, tardar mucho en una habitación, molestar. Apenas me movía, solo a donde me decía mi abuela, me entretenía y la quería conocer más. Ya había acabado las clases, aunque saltándome algunas como en septiembre para llegar al toque de queda de esa casa, a las 11. Las pocas veces que veía a mi padre estaba enfadado y desconfiado.

Conseguí aprobar en todo el curso cuatro asignaturas, casi la mitad. Mi padre no estaba contento, decía que eran vacaciones, que aprovechara, fuera a la piscina y ayudara a mi abuela, pero luego me reprochaba no haberlas sacado todas, ver la tele y no estudiar. Intenté buscar trabajo, pero también le enfadó, decía que debía centrarme en estudiar, pero yo necesitaba dinero para material, libros y transporte. Ese pueblo se me quedaba pequeño, en una hora me recorría los edificios y la biblioteca y cultura era escasa, no sabía dónde vivir, pero sabía que ahí no era mi sitio. En casa me sentía en peligro de que me echaran. Hablé con Fran, ya que se asemejaba a la edad de mi padre, para que le hiciera entrar en razón, que le hiciera ver que yo no era una mala hija.

Quedé con Danilsa en el centro comercial de Oviedo, con su pareja y su hijo. Me dijo que vendrían a buscarme para que no tuviera problema con los buses y mi padre no se enfadara conmigo. A 20 kilómetros se paró, estaba sin gasolina. Al forzarlo tardaría una hora en marchar. Sentí terror por no poder entrar en casa a la hora que quería mi papá.

Empecé a desesperarme y decidí buscar un taxi para volver a casa. Danilsa se enfadó con la situación:

—Carla, si ni a mi hijo le pongo esa hora y tiene 9 años. Es como la norma de cenar a las 8. No va a pasar nada.

—No tengo llaves. Si no me quieren dejar entrar, ¿qué hago?

Pagué 30 euros de taxi, llegué a las 11 y cuarto y mi padre me recibió gritándome que volviera con mi madre.

Después de un mes sin fumar, me bajé al bar donde sabía que me darían cualquier sustancia. Llamé a Eva:

—No puedo más. He recaído —decía borracha.

—¿Dónde estás?

—En un bar, ya estoy bebida, fumada y en proceso de acabar durmiendo en cualquier sitio menos en esa casa.

Vino a por mí con un fotógrafo con el que habíamos hecho una sesión Yaiza, ella y yo. Me llevaron al centro comercial y me propuso irme a vivir a un local que tenía su madre. Yo no quería saber de su madre por lo que le hacía de pequeña.

—Pero ha cambiado —me decía.

Danilsa me propuso vivir en el piso que estaba comprando a escondidas para poder deshacerse de su pareja maltratadora. Me parecía una buena idea, pero primero quería encontrar trabajo. No quería depender de nadie. Yaiza me dio trabajo en Gijón, limpiando habitaciones de un hotel del centro. Había muchas despedidas de soltero, siempre vomitaban, limpiábamos y al día siguiente volvían a vomitar todo. A mí me gustaba encontrar objetos dejados.

Cogía el tren a las 7 y una hora y media después empezaba mi turno con Yaiza, salíamos a las 5 de la tarde y quedábamos con nuestros exs. Juan me guardaba la maría y comía en su casa, ya que cuando volvía a Pola, apenas había comida. Ganábamos 600 euros al mes, dependiendo de las habitaciones que hiciéramos por hora, yo ponía música en la tele sin que se enterara la encargada y cogía buen ritmo. Empezamos a buscar piso. Una tarde al salir de trabajar, nos encantaba pasearnos con el uniforme porque nadie nos miraba, nos metimos en el mar, después fui a casa de Juan tiritando y me obligó a quitarme los pantalones para meterme en la cama. Volví con fiebre, mareada, al llegar ni cené, solo quería tomar un cola cao y mi padre tenía un mal día, empezó a gritarme.

—Por favor, ahora no. Que no estoy bien —le pedía—.

Pero él siguió gritándome no sé ni por qué.

No me tomé el cola cao y ese día entendí que ni a Juan ni a él le importaba. Tenía que buscar mi sitio. Me gustó el primero que vi en persona, después de haber pasado muchas tardes mirando en todas las agencias, había encontrado uno especial, cerca de la playa y del parque, sin amueblar, exterior, con 3 habitaciones para que Yaiza recuperara a sus hijos. Me pareció el mejor sitio para empezar mi nueva vida. La casera estaba de viaje, así que ofrecí todo lo que tenía ahorrado, 1800 euros, 4 meses de alquiler, ya que no tenía aval ni trabajo estable. Mientras estaba yendo a trabajar en tren, me llamó para aceptar mi oferta.

El día antes de firmar el contrato me despidieron del hotel, decía la encargada por el grupo que habían encargado un pelo en la habitación. Bajé a fumar al bar, me había quedado más horas no remuneradas haciendo más habitaciones y ayudando a Yaiza en la lavandería a ver si la ponían de segunda encargada.

Firmé y al día siguiente se lo dije a mi padre.

—Quiero ir a la otra casa a por mis libros y mi ropa.

—¿Para qué?

—Me voy, en una hora vienen a recogerme, necesito mis cosas.

—¿A dónde?

—A mi casa, he alquilado un piso.

Tuve que enseñarle el contrato para que me creyese.

Capítulo 11

Búsqueda

El 1 de agosto dejé la casa de mi padre y me mudé a mi propio apartamento.

Yaiza dejó la Casa de la Mujer, seguía trabajando en el hotel y dormíamos juntas.

Yo me pasaba los días echando currículums por el centro y limpiando la casa a fondo. Yaiza se iba a casa de sus padres en la calzada, o quedaba con Mateo, su expareja, que tenía una orden de alejamiento de ella y arresto domiciliario los fines de semana.

Pude salir adelante ese mes porque tuve la oportunidad de hacer unas pruebas en bares y a veces me pagaban esas horas. Me habían pagado de menos en el hotel; no había posibilidad de reclamar, pero logré contactar con el director de la empresa de Madrid y conseguí 20 euros más con los que compré un microondas viejo. Con lo que gasté en transporte desde el pueblo y la reducción de la ayuda RAE, solo me habían quedado 200 euros, con los que compré lo esencial para la casa.

Jonatán venía vernos desde León cada vez que podía, me ayudaba, nos hacía la comida y me sacaba de rutas por playas o al cine. Me enseñó a liar para ahorrarme dinero. Yo a cambio le dejaba dormir en mi cama, ya que yo estaba con Yaiza. Jonatán no se fiaba de ella:

—Esta no te va a dar su parte de la fianza. Ni te va a pagar el mes que viene el alquiler ni los gastos —decía frunciendo el ceño—. La conozco y conozco a su familia.

Eva se fue con un familiar a trabajar en Jaén. Mi padre estaba enfadado porque me había ido de la casa de sus padres. Pensaba que me había ido a vivir con unos yonkis.

Yaiza se había empecinado en coger un gato, así que a finales de agosto teníamos en casa un gatín atigrado, con un dibujo rubio en la espalda que asimilaba una espada del señor de los anillos. Lo trajo en una caja con un pañuelo rojo y un biberón. Ella lo llamó Légolas.

En septiembre decidí seguir en la universidad pagándola en plazos. Arrastraba 5 asignaturas del primer curso por lo que me costaban el doble de dinero. Las cogí con otras cuatro nuevas.

Yaiza no me estaba pagando, decía que se le iba el dinero en tabaco. También empezó a quedar con una amiga de su antigua profesión de trabajadora sexual y se metían coca en la habitación. Yo seguía mandando solicitudes de trabajo por las noches desde el portátil. No teníamos tele ni sofá, así que no tenía nada mejor que hacer. Después de muchas pruebas me llamaron de una franquicia de bocatas y, cuando ya tenía hecho casi todo el curso, me llamaron de una cafetería familiar.

—Confiamos en una chica y nos robó la lotería —se sinceró el dueño— Tú, en cambio, me recuerdas a mí cuando empecé y quiero enseñarte.

Me conmovió y decidí quedarme con ellos. Abría la cafetería a las 7 de la mañana, preparaba los desayunos y el mío antes de abrir, cerrábamos a las 3 o a las 5 y me daban de comer. El hombre me sentaba con su padre, con su mujer que también trabajaba y con sus hijos. Luego dormía una siesta y volvía de 7 de la tarde a once de la noche.

Me sentía muy cómoda con ellos y agradecía que me incluyeran en su familia, aunque apenas podía ir a las prácticas o estudiar.

Yaiza no cuidaba al gato, me enfadé porque siempre me había tocado cuidar de otros, aun así le compré lo necesario y me encargué de él. También me recriminaba que no le avisara de que tenía que ver a su hijo en el materno. Estaban buscando familia de adopción y me empezaba a parecer lo mejor ya que ella pasaba de verle.

En octubre mi relación con Yaiza fue a peor. Mateo nos llevaba a Oviedo, a ella al centro materno y a mí a la universidad, ya que no tenía para el transporte. Lo malo es que a las 9 de la mañana ya estaban fumando maría. Llegaba tarde igualmente y apestando, los compañeros se metían conmigo y hablaban con el profesor para que no me dejara entrar. A mí me parecían una pareja tóxica y él un psicópata. Me estaba dando cuenta de que ligaba conmigo. Yaiza o Princesa, como la llamaba yo, dejó el trabajo. Lo peor fue el día que volvió por enésima vez con Mateo. Las personas de su círculo me dijeron que era mejor no meterme, así que fingí que todo iba bien. Un mes antes Mateo me había amenazado por la calle, me había acusado de querer romper su familia:

—Te mataré y te violaré, hija de puta —me había dicho ese día.

Poco tiempo después lo metió en casa. No lo podía creer. Estaban todo el tiempo discutiendo, sin tregua y me cogían la maría mientras yo trabajaba. Esta ya no era mi casa.

Un día Yaiza me dejó a solas con él. Me dijo que se iba a casa del padre y que la esperara en casa con Mateo hasta que llegara para ver una peli. Mateo empezó a insistir en tener relaciones sexuales. Me negué varias veces y acabé dándole una hostia. No se fue, pero dejó de insistir.

Al día siguiente Yaiza marchó a casa del padre, mientras su ex se dedicaba a tirar piedras a las ventanas, mientras me gritaba y amenazaba. Sentía que Yai me había mentido, había aparentado ser otra persona y se estaba aprovechando de mí.

Al tercer día volvía del trabajo y apareció Mateo. Empezó a insultarme y hacerme daño con cosas le había contado a Yaiza.

—Ni tus padres te quieren, no te quiere nadie —me gritaba.

—Vete de una puta vez —le dije.

Siguió y le pegué unos puñetazos. Como última esperanza piqué a las vecinas que sabía que estaban mirando por la mirilla. En vez de llamar a la policía, me metieron en casa y le echaron.

Al día siguiente fui a trabajar por la mañana y me dieron el finiquito en el trabajo. No me sorprendió porque la mujer del dueño y la otra empleada me humillaban y se reían de mí. Me había quedado con el dinero del mes en la calle y el semestre universitario perdido por no poder ir.

Dejé de preocuparme por Yaiza. Tenía dos cosas claras: el piso y el gato serían míos y a ella la sustituiría por dos compañeras que cumplieran el pago del alquiler. Me encerré días en la habitación con el gato para que no se lo llevara cuando yo no estuviera. Hablé con la casera y firmé un nuevo contrato en el que no estaba ella en el piso. Al día siguiente se fue, pero su ex siguió acosándome.

Había encontrado a quién dar amor: Légolas, que lo era todo para mí. En cuanto se fue Yai, le llevé al veterinario, pagué el chip, las vacunas, pipetas, revisiones y le aseguré.

Ese año tuve el mejor cumpleaños en mucho tiempo, gracias a los amigos frikis de la adolescencia.

Mientras seguía arbitrando y hacía desfiles ya algo remunerados, buscaba trabajo, buscaba compañeros de piso e intentaba sacar alguna asignatura.

La única compañera que conseguí se asustó por el acoso de Mateo. Finalmente, él me dejó en paz cuando fui a testificar en su juicio, le dije al juez toda la verdad, que Yaiza se estaba provechando para cobrar una pensión por la denuncia, que no veía a su hijo y que seguía quedando con él a escondidas de la policía de protección y seguimiento. Mateo me dio las gracias y no volvió a por mí.

Me había instalado una aplicación de citas para no sentirme tan sola, pero acababa mal con los chicos porque no quería relaciones sexuales con ellos y seguía teniendo complejo de Elektra. Mi padre no comprendía como podían querer salir conmigo hombres que me doblaban la edad.

Esa Nochebuena decidí ir con mi familia paterna a cenar. Me sentía desplazada. Mi abuelo solo se dirigía a mi madrastra y a su hija, la única que miraba y hablaba conmigo era mi abuela. Solo se dirigían hacía mi para lanzarme algunas indirectas tintadas de mofas. Pensaba que eran paranoias o que me lo merecía por el pasado o por fumar porros para dormir.

Me sentía un error, un problema estar viva, me retumbaban las voces de mi madre y Juan, advirtiéndome de todo lo que me había pasado, que no podía confiar en nadie, que se aprovecharían de mi por tonta… La que más me retumbaba era la de mi madre insultándome y diciendo que nadie me iba a querer nunca.

En Nochevieja decidí trabajar en vez de estar con la familia. Con el dinero que contaba sacar me pagaría los libros del próximo curso, ya había ahorrado para el transporte y para la castración del gato, que era lo importante. Iba a trabajar de 11 de la mañana a 7 de la madrugada del día siguiente, con una hora para comer. Bas y los demás amigos de la universidad de Oviedo querían pasar la Nochevieja conmigo, estuvieron esperándome hasta que salí y les dije que estaba reventada.

Trabajé para ese Llagar unas fiestas más, aunque ya me estaban advirtiendo los clientes que no me iba a pagar, lo habían visto con otros empleados. Llamé a Juan y a mi padre para que me ayudaran, pero nada. Decidí dejarlo ya que el jefe se había esfumado y no me cogía el teléfono.

Seguía teniendo los 250 euros de pensión de mi padre, pero con los gastos imprevistos y la falta de ayuda, no conseguí pagar el primer, ni el segundo plazo de la universidad, aunque sí conseguí aprobar dos asignaturas a la primera. Tuve una charla con el profesor que me examinó, nos ayudamos y me animó mucho.

—No le des tanta importancia a un examen, lo más importante es estar con los que quieres y preocuparte por ti —me aconsejó.

Todos me aconsejaban que no dejara de estudiar, aunque me costara. Los profesores veían algo en mí. La abogada opinaba lo mismo:

—Tienes que hacerte la idea de que no tienes unos padres normales, pero no dejes de estudiar, aunque consigas dos al año. Tú sigue —me decía.

Yo aceptaba el consejo, además, era lo único a lo que agarrarme, lo que me ayudaba a distraerme del vacío de la soledad. Era lo único fijo y estable en mi vida.

Jonatán seguía intentando ayudarme cuando venía de León. Compré lo esencial para la casa y logré meter a mi primera compañera, Nathy "la Wicca", una chica de mi edad. Era de Salamanca y se había mudado para estudiar una formación profesional de turismo. Con 200 euros me ayudaba para el alquiler y los gastos. Apenas salía de la habitación, estudiaba, fumaba y limpiaba. Aun así, seguía sin poder llegar a pagar la deuda de la universidad y pronto vendría el segundo plazo. Ponía anuncios por todos los sitios, de profesora de inglés, de limpiadora, de cuidadora, de profesora particular de asignaturas o de piano, nada. Empecé a trabajar en una cafetería de noche, como siempre no tendría contrato al principio, pero era de tarde y no perdía universidad. Llegaba de Oviedo a las 4 de la tarde, comía algo, me cambiaba, trataba de ver algún tema de la universidad y me iba a trabajar desde las 7 hasta las 3 o 4 de la madrugada. Al día siguiente me levantaba a las 7 y media para coger la primera parada del bus universitario y a repetir el día.

Era una cafetería pub al lado del gimnasio de Juan. Cuando me vio trabajando en esa cafetería ni me dirigió la palabra. Yo le hacía un corazón en el café como muestra de paz, hasta que un día explotó:

—Joder, no me puedes respetar ni este sitio ya —me gritó—. Siempre espiándome. Estás loca.

—No te confundas. Simplemente estoy buscándome la vida.

—Claro. Y no había más sitios. Tuviste que venir justo a este.

—Donde me dieron la oportunidad sin estudios del campo y sin experiencia —le repliqué—.

Me mandaron un par de días a limpiar los platos, yo sabía que me iban a echar, pero aguantaba cada día para cobrar más. Tiré con ello el mes, mi cuerpo no daba más. No dormía y al llegar a clase me caía en la mesa. Había dejado de comer carne para ahorrar, solo gastaba 20 euros al mes en comida: pipas, arroz, huevos, cereales, patatas y verduras. Otros 20 en tabaco para comer menos y maría para el dolor de piernas. Cogía a escondidas todo lo que podía de comida sin que me pillaran en los trabajos. Nunca me quedaba en número rojos o me cortaban la luz. Compraba la comida al gato y si sobraba comía yo, con las propinas que conseguía. Almacenaba peladuras de patatas en un táper en la nevera, las lavaba y las freía con sal y pimienta hasta que quedaban tostadas.

Me llegó un mensaje de la Universidad: si no pagaba los dos plazos atrasados y el último en abril, me quitarían las asignaturas aprobadas y aunque pagara la deuda estaría sancionada durante unos años, sin poder estudiar en ninguna universidad. Me aterroricé. Fui a hablar con secretaría a ver si tenía opciones. Les intenté explicar mi situación y les supliqué que me dieran más tiempo, que me dieran hasta septiembre para pagar la matrícula. Les dije que tendría más trabajo por el verano y los podría reunir. Les fue indiferente.

Como no podía optar a beca por el patrimonio familiar, intenté pedir ayudas para el alquiler o a estudiantes o ingreso mínimo vital, algo que me ayudara un poco. No conseguía reunir ningún requisito: no era inmigrante, ni víctima de violencia de género, ni tenía hijos a cargo. No había ninguna ayuda. Mi familia estaba claro que no me lo iba a prestar. En un intento desesperado le pedí a Juan. Nada. Me faltaba el aire. Empecé a buscar opciones por todos lados para que no me quitaran lo que había conseguido. No podía quedarme sin mi sueño. Valoré si merecía la pena todo o cualquier cosa por luchar.

Las opciones eran pasar droga ilegalmente desde León y distribuirla por aquí, pero arriesgado, ilegal y no conseguiría el dinero en 3 meses; webcams, pero ni tenía medios para hacerlo ni intención de que me viera todo el mundo. Otras opciones eran prostituirme en una casa de citas a ocultas, o aceptar que era una hija de la calle, que no podía estudiar y perderme, tirar la toalla.

Contacté con Madame, de "las bambinas". Me informé, vi documentales y me preparé. Me explicaron cómo funcionaba el piso. Había una encargada que cogía las llamadas, se encargaba de cobrar y poner los anuncios. Me habían asignado el nombre de "xana", ninfa de las aguas, un ser mitológico de nuestra tierra y me habían puesto la edad de 18 años (uno menos). Nos llamábamos por nuestros nombres ficticios. Siempre había cinco chicas de turno. Yo podía elegir el turno, así que elegí de 5 a 12 de la noche para poder descansar antes de ir a la universidad. Descansábamos mínimo un día o dos si queríamos, con la condición de que una o dos veces al mes hiciéramos turno de toda la noche. Los horarios y tener descanso era lo mejor que había encontrado, pero se quedaban la mitad del dinero por hora. Pensé que no habría diferencia con cómo me trataba Juan. Además, así yo sentiría una caricia o un abrazo. El primer cliente que entró al verme no quiso acostarse conmigo, prefirió contarme su vida, su tristeza por la separación de su novia. Ese día tuve buena o mala suerte.

Los días siguientes me tocó acostarme con ellos. La primera vez temblaba, y también las siguientes. Esperábamos en la cocina hasta que subía alguien, mientras la Madame le pasaba a la habitación, les ofrecía elementos para asearse y una cerveza. Nos escondíamos en el baño para mirar, si le conocíamos podíamos negarnos. Luego nos presentábamos por separado cada una. Volvía a entrar la Madame y él escogía. A mí no me escogían jóvenes, me cogían señores de edad avanzada que tomaban viagra y me decían que les recordaba a su nieta. Lloraba cada vez que entraba, no quería entrar. Las demás me animaban, me relajaban, se tomaban su tiempo y paciencia conmigo. Necesitaba el dinero, pero rezaba porque nunca me escogieran. Cuando lo hacían, les entretenía hablando de política o de lo que fuera para ganar tiempo, la mitad del turno ganaba dinero solo hablando. Yo estaba fumada para poder pasar el mal trago y me evadía, dejaba el cuerpo inerte y me imaginaba que estaba en otro sitio. No me trataban mal, me trataban con más cuidado de lo que me había tratado mi ex, se preocupaban de que estuviera bien, pero yo no podía aportar. Siempre les decía que yo no era puta, que no tenía iniciativa, solo esperaba que me tocaran y pasara rápido. Algunos se enfadaban por quedarme inmóvil sin hacer nada y otros al verme joven, mientras les decía que no se metieran coca, se apiadaban y llamaban a otra.

Yo les agradecía que no quisieran aprovecharse de mí. En cambio, ya estaba teniendo señores mayores fijos que se dirigían a mi como "mi niña".

No podía dormir, porque de noche seguía sintiendo como me habían tocado y sentía su olor, aunque me duchaba casi 10 veces en una tarde, se me quedaba pegada la sensación. Tenía miedo que alguien lo notara en la universidad o lo dedujeran por mis ojeras o mi mirada. Que notaran que era una impostora que aparentaba ser normal. Las chicas me daban un energizante antes de entrar, ya que seguía creando pataletas y llorando. El resto del turno me lo pasaba estudiando en la cocina con otras que también intentaban sacarse sus cursos. Otras se quedaban en el salón viendo telenovelas, a veces les hacía compañía. Empezaron a contarme sus problemas, casi todas trabajaban en otro sitio, limpiando o en bares, pero tenían hijos y no llegaban a fin de mes. Una de ellas, que era de Oviedo, tenía una hija que modelaba conmigo.

No tardé en ver el error de vivir a pocos metros de la casa de citas. Me encontraba continuamente por la calle con los clientes. También íbamos a casas particulares, siempre estando comunicadas con las casas de citas, la encargada estaba pendiente por si pasaba algo. No me mandaban con parejas, ni a fiestas de jóvenes, pero había conseguido que me mandaran con extranjeros, así les podía sacar dinero hablando. Después de unas semanas, llegaron al piso de citas dos hombres que iban muy colocados de coca. Conmigo se quedó un director de empresa que le había pagado un trío a su amigo. Me dijo que quería dormir, pero empezó a hablar conmigo, me dijo que si era verdad que hacía este trabajo para pagar la carrera, me la pagaba él. Me hice señorita de compañía de ese millonario, aunque me pagaba una mierda.

En el piso incorporamos una nueva compañera, Carla, que venía de Ponferrada a estudiar cocina.

Decidí cortar con el hombre e irme una semana a Barcelona, a cumplir mi sueño de ver la Sagrada Familia. La sensación que experimenté dentro de ella fue de tanta paz, acogimiento y tranquilidad que me pareció irreal.

Mi padre me contactó para decirme que mi abuela tenía la tensión baja y que era mejor que no fuera a dormir los fines de semana allí, como solía hacer cuando arbitraba. Tuve que dejarlo esa temporada y pedir el traslado de delegación a Gijón para el siguiente año. Me habían quitado el único dinero que tenía fijo todos los fines de semana.

Seguí trabajando de lavaplatos, hasta que entré en una sidrería. Trabajaba hasta la madrugada y seguía llegando a la universidad sin dormir, puesta de cafés, pellizcándome o clavándome cosas para aguantar atenta.

Tuve la mala suerte de ponerme enferma. Me pillé una sinusitis fuerte, que hizo que posteriormente me despidieran pagándome casi la mitad de lo que era. Me derrumbé, lloré, pero a las pocas horas estaba trabajando en otro bar. Seguía queriendo suicidarme en los momentos que tenía para pensar o se me paraba la música, pero otra parte me pedía seguir viviendo.

En marzo tuve que volver a "bambinas" para pagar la deuda de la universidad, después haber vuelto a suplicar.

Carla estaba todo el día fumando en el salón con dos amigos, Naty había decidido irse con su pareja de vuelta a Salamanca.

Una hora antes de entrar a trabajar en "bambinas" vi una página de Facebook "la borde de al lado", en el que me comparaban con Mafalda, se reían de mi ropa, se reían de que no me llevaba con mi padre y de que fumara porros, entre otras cosas.

En los comentarios decían que movían muebles los de arriba, o tiraban pelotas para no dejarme echar la siesta, ponían música cuando se enteraban de que tenía que hacer un trabajo de la universidad. Varias personas del barrio estaban en esa página. Mi error como siempre fue haberme fiado.

Tuve un ataque de ansiedad, me quedé una hora inmóvil sin poder moverme, sin creérmelo. Reuní fuerzas para ir a trabajar fumada, un juez importante llevaba dos horas esperándome. Se enfadaron. Cuando volví a casa encocada, Carla se había fumado mi maría. Empecé a dar golpes y a gritar por la situación.

—¿Te parece normal que esté trabajando y cuando vuelva no pueda ni fumar uno para irme a dormir? Ya me puedes encontrar a alguien cagando hostias.

Ella sabía que lo había hecho mal y se habían aprovechado de mí, pensaron en ellos primero. Me llevó a la 1 de la madrugada de paseo a por ella. Por el camino me tranquilicé al ver que se podía resolver, una cosa tan simple. Y me solté con ella.

—¿No te parece extraño que trabaje en un restaurante y siempre a la misma hora esté en casa?

—No, ¿por? —me dijo ella, inocente.

—Porque cuando trabajaba en un restaurante no pasaba por casa, dormía en el autobús y llegaba entre las 3 y las 5. Nunca dos días seguidos puntuales. Soy puta. Lo intenté dejar y tuve que volver.

A partir de ese día, las noches me esperaba en el sofá a que volviera de trabajar y estaba pendiente del móvil. Las noches que tenía que quedarme de guardia, ella dormía en el sofá esperando a que amaneciera y volviera viva. Me escuchaba repetir todas las noches el mismo infierno asqueroso de tocamientos y abusos, hasta que me desahogaba y conseguía dormir un par de horas con ansiedad. Ya no me robaba el tabaco ni la maría. Ni tenía que limpiar el salón todos los días antes de ir a la universidad por cómo me lo dejaba su grupo.

Aguanté hasta que un día fui a la casa de un expolicía que estaba en silla de ruedas, muerto de cintura para abajo. Pasé toda la noche con él, conseguí lo justo para la universidad. Pensé en irme con ello, sin pagar la mitad a la casa, llamé a Carla y me aconsejó que mejor no lo hiciera. Volví a dar el dinero, reuní lo que me faltaba, viendo la luz al final del túnel, insultando a todos los hombres como despedida, sin importarme que no volvieran a esa casa, todas nos estábamos yendo una vez saldadas las deudas y días después me despedí de todas por lo amables que habían sido y lo bien que me habían cuidado, deseando vernos en otras circunstancias.

Capítulo 12

Mirar hacia adelante

Una vez pagada la deuda, seguí buscando trabajo de hostelería. Ya tenía el piso arreglado y bien atado con las compañeras. Estuve en una cafetería del centro como limpia platos, hasta que me pillaron repartiendo a vagabundos los pinchos que se iban a tirar y me despidieron.

Al día siguiente empecé a trabajar en un restaurante. Trabajaba 15 horas, nos pagaban un tercio del salario mínimo y, además, debía soportar al jefe que se emborrachaba y nos insultaba.

Buscando un nuevo trabajo observé que había mucha demanda de monitores de ocio, un tipo de oficio en el que organizas actividades recreativas y culturales. Aproveché el tiempo libre de la universidad por el verano e hice un curso privado a distancia para convertirme en monitora de ocio y tiempo libre.

Cambié de restaurante a otro que tenía vistas al mar y me metí también a trabajar de noche en un karaoke. A pesar del bajo salario, lograba ahorrar porque comía en el trabajo y no tenía muchos gastos por fuera.

Seguía acostándome con Juan, intentando despegarme de él, pero cada vez que me sentía una mierda subía hasta su casa para buscar esa caricia similar al cariño.

Aún tenía depresión. Cada vez que algo me salía mal, quería suicidarme. Me odiaba y, cada vez que suspendía un examen, bebía una botella entera de whisky.

Vivía con miedo a que mi madre viniera o a que mandara a alguien a matarme.

Carla y sus amigos se quejaban de que no me duraran los trabajos, de que hubiera que cuidarme y estar pendiente de mí para que no me cortara o suicidara. Carla siempre limpiaba el salón y la casa para ayudarme.

Mientras yo me mataba trabajando, ellos estaban tranquilos en mi casa llenándola de humo. Me molestaba no poder salir con ellos, no poder descansar ni un día. Cuando no trabajaba, estudiaba en el salón mientras ellos se divertían.

Cuando dormía ya no tenía pesadillas con mi madre intentando matarme: soñaba con el trabajo, como si estuviera en él.

A finales de verano me enamoré de un compañero del restaurante. Era un chico de mi edad, de metro noventa, rubio y tez pálida. Tenía ojos azules con tonos verdes y una amplia sonrisa de dientes perfectos. Hacía pocos años que había venido de Rumania, vivía con sus hermanas y sobrinos. Tanto él como toda su familia trabajaban mucho y bien.

Empezamos a salir. Cuando me dijo de comenzar una relación, le conté toda mi vida y mis secretos; o se alejaba o sabía dónde se metía.

Al tiempo me presentó a su familia. Sus hermanas eran guapísimas; su sobrina de 16 años, muy culta, y su sobrino de 10 años, un amor, empático e inocente. Me integraron en seguida.

Pero Ionut, mi novio, en lugar de alegrarse, me dijo:

—Como algún día hagas daño a mi familia te enteras. Te lo advierto.

Poco a poco empezó a mostrarse celoso de otros chicos. También e recriminaba que fumase, lo que me producía más ansiedad.

En septiembre cuando se me acabó el contrato de verano en el restaurante y cerraron el karaoke, aproveché, me puse guapa y salí de fiesta con Carla. Ella siempre se enamoraba rápidamente y me dejaba con el amigo. Yo bebía muchísimo y hacía alguna locura como lanzar botellas o escalar edificios.

En un nuevo trabajo, Carla conoció a Sergio. Empezó a cambiar, estaba más distante, más fría. Yo la necesitaba, me había dado mis primeros abrazos en años y había sido mi confidente todas las noches. Me había enamorado de ella como de todas las mujeres que me cuidaron un poco. La quería.

Traje a una nueva compañera de piso, Lucía, una chica de 17 años que venía de Valladolid a estudiar turismo. En seguida empezó a pasar tiempo con Carla, siempre fumaban juntas.

Cuando empecé el curso universitario trabajaba en una cervecería debajo de casa en un horario compatible con los estudios y con las reuniones de arbitraje.

Un día en la copistería, el dependiente dijo mi nombre y una pareja se giró al oírlo.

—¿Sabes quién soy? —dijo la mujer, acercándose a mí y hablando en voz baja—. Soy la jueza que lleva tu caso. Estamos tardando porque hemos tenido que mirar todos los juicios anteriores y tenemos una montaña de documentos. Tu madre está impidiendo el juicio y por eso tardamos. Pero ya casi está.

Mi padre me dio un manuscrito donde detallaba todo le había pasado durante el divorcio. Descubrí que la bala que habíamos encontrado en la cocina la había puesto mi madre entre clase y clase, por eso ese día fingió tener baja la tensión para que la cogiera y entráramos juntas en casa al salir de clases. La orden de alejamiento no la tenía mi padre, sino mi madre, pero ella la rompía acosándole. Supe que cuando él venía a buscarme, mi madre me mandaba a casa de mi abuela a comer para que no coincidiéramos. Ella le había hecho denuncias falsas y me había mentido.

Aunque mi padre no creía que podrían triunfar la verdad y la justicia, los trabajadores de los tres juzgados creían en nosotros. Mi madre había declarado que yo era problemática y le pegaba, pero mi padre y Juan testificaron con la verdad.

Llamé un par de veces a mi abuela materna ya que mi padre insistía, pero sabía que tampoco me podía fiar de ella.

—Carla, quita la denuncia a tu madre, por favor —me gritaba suplicándome y llorando.

—No puedo. No está bien y tiene que ver que lo que hace está mal —le explicaba.

Después de una última conversación, acabó diciéndome:

—Haz lo que veas. Pero nunca dejes de ser tú. Eres buena.

Lloré durante dos días. Esa fue la última vez que hablé con ella.

Por fin me llegó la notificación de juicio. Mi prima Alicia, que debía testificar, se había retractado y pensó que era mejor no meterse. Yo llevaba años imaginándome como sería reencontrarme con mi madre en el juicio.

Mi padre me vino a buscar. En Oviedo estaban Desi y Fran, esperándome en la entrada para darme apoyo. Juan llegó tarde y fumado, riéndose.

—Tu madre ni te mira —me dijo mi padre.

—No me hagas eso. Es lo mismo que decía ella de ti —le respondí.

Mi madre entró con la cabeza bien alta y confesó. Al confesar, solo le caerían unos meses de trabajo en beneficio de la comunidad, 4 años de orden de alejamiento y una indemnización de 2.000 euros. Mi padre y Juan estaban indignados, enfadados. Se enfrentaron a mi abogada y le decían que mi madre tendría que darme alguno de sus pisos. La abogada, y también yo, les decíamos que debíamos estar contentos con que se supiera toda la verdad y con vivir sin miedo. Al menos con esos 2000 euros de indemnización tenía una red por si se me volvían a juntar las desgracias.

Me hice un tatuaje para recordar que mi razón de vida era aprender.

Una tarde de diciembre estaba saliendo a trabajar y saludé a las chicas en el salón.

—Que tengáis buen día hoy, mañana y toda la semana —les dije desde la entrada.

Lo decía porque en esa semana solo llegaría para dormir cuatro horas cada día antes de ir a la universidad, apenas las iba a ver.

En el descanso del trabajo vi que tenía audios de las dos. Me decían que les parecía mal lo que les había dicho, que se habían ido del piso y luego pasarían a por sus cosas.

Mi desolación al llegar de trabajar y ver la casa vacía fue indescriptible. No entendía cómo me podían haber hecho eso, no solo me habían dejado, sino que no habían cubierto los gastos del mes anterior.

En ese entonces había dejado de fumar y vuelto a hacer deporte, pero bebía más. Me tomé una botella de vino mientras por la ventana cómo se llevaban las cosas. Más tarde me enteré de que habían estado hablando mal de mí, tergiversando todo, mientras yo les había recibido en mi casa como si fuera la suya.

Me refugié en la pareja:

—Me he quedado sola. Otra vez —le decía a Ionut llorando.

—Ya vendrán otras personas —me decía él—. Carla fumaba mucho, no hacía nada y te liaba —argumentaba—.

En la universidad por más que estudiaba me suspendían sin darme una explicación coherente. Bas había dejado de ir a clases para estudiar en la biblioteca y aprovechar mejor su tiempo. Danilsa había vuelto a República Dominicana para vender droga y hacer dinero para pagar la deuda de la universidad y de las clases particulares. Cuando volvió dejó de estudiar, alquilaba su piso a turistas y era la encargada de una casa de citas.

Me di cuenta de que no era la única que, al no tener padres o tener hijos, tenía que prostituirse para llegar a fin de mes y poder estudiar. Una chica que estaba acabando la carrera nos dio voz días después en la universidad, en unas jornadas sobre la prostitución y la vulnerabilidad.

En ellas denunció las condiciones laborales y las faltas de ayuda. Explicó que muchas chicas, por no traficar, se prostituyen y llevan una doble vida en la sombra. Afirmó que había bastantes en esa universidad de derecho. A la charla final se presentaron los medios de Asturias y todos los estudiantes que podían caber en la sala magna. Ninguno había ido a alguna charla de los tres días de jornadas, solo fueron a escuchar hablar a Lucía para reprenderla.

—La gente lo que no quiere es trabajar. Es más bonito el dinero fácil —le dijo uno.

—Yo he sabido sacarle provecho y me gusta —respondió ella—. Pero te aseguro que hay muchas mujeres que no tienen otra para salir adelante y no es nada fácil lo que hacen contigo. Yo sin padres no habría podido sacar la carrera.

—Es que hay sitios que siempre están pidiendo empleados porque nadie quiere trabajar en ellos. Si de verdad tienes necesidad aprovechas —replicó otro.

—En esos sitios trabajas y no te pagan. Tengo un historial de todos los sitios en los que trabajé y no coticé, o no me pagaron las horas. No habléis si no sabéis por favor —les contestaba ella, seria y tajante.

Yo estaba indignada. En vez de ser una ronda de preguntas y dudas como había sucedido en las otras jornadas, solo se lanzaban afirmaciones lapidarias que la juzgaban como una vaga que no quería trabajar. Ella pillaba los cuchillos que le arrojaban y los frenaba en seco.

Los moderadores acabaron más enfadados que yo con los alumnos, tanto que cortaron la sesión. Cuando salió y tuvo un segundo de dejar de hablar con medios, nos hablamos. Gracias a ella reuní valor para contarle a mis amigos que yo también había pasado por eso. Bas no pudo evitar llorar.

Y llegó Agnes al piso, con dos conejos. Una chica de pueblo, morena, grande y con gafas, que me ayudó como un hombre con las reformas y arreglos de la casa. Me dio amor, pero también empezó a enseñarme lo más importante: a quererme.

Empecé a trabajar en un parque de bolas de monitora, lo que era compatible con la universidad. Aunque quería seguir ayudando a otros y especializarme en internacional, no me parecía esa universidad la mejor forma de conseguirlo, ya que me mataba a estudiar, en sacar notables en las prácticas y seguía suspendiendo el final. Decidí hacer los últimos exámenes ese año y cambiarme a la universidad a distancia, para poder estudiar en casa.

Fue una buena decisión: en la UNED todo el mundo trabajaba y estudiaba, tenía hijos y lo hacían por vocación de luchar contra las injusticias. Mi carga mental mejoró al cambiarme, ya no estaba tan estresada por compaginarla con el trabajo ni disgustada por los resultados. Estudiaba y sacaba nota, como siempre había sido antes de empezar en la universidad.

Después de más de medio año juntos, Ionut seguía diciendo que me tenía cariño, pero no me quería. A mí no me molestaba darle amor y quererlo, aunque no fuera correspondido, hasta que las cosas empezaron a cambiar. Empezó a despreciar como vestía, mi forma de moverme o expresarme, como hablaba, mi gato, mis deportes poco femeninos, mi cuerpo con pocas curvas, mis amigos. Apenas quedábamos porque decía que tenía mucho trabajo o que no tenía donde aparcar. Comencé a sospechar que me engañaba, pero no tenía pruebas.

Empecé a tomarme las cosas con más calma y a pensar en mí. Decidí hacer otros deportes en mi tiempo libre y aprovechar para viajar. Me reconcilié con Carla, se dio cuenta de que ese día que se fue estaba mal con todo y se enfadó con quien no era. Decidió invitarme un finde a cenar para compensar lo del piso. Nos turnábamos para viajar y vernos.

Un día fui sola a una fiesta y me topé con Ionut que estaba con amigas. Fui al baño y cuando volví le vi liándose con una. Al día siguiente, mientras trabajaba, me dio un ataque de ansiedad. Me fui una hora antes de terminar mi turno para ir al hospital y aunque a la mañana siguiente fui más temprano para compensar, me despidieron. Quedé con Ionut para que me explicara todo, pero negaba lo que había visto, así que lo dejé. Él me contestó que solo había estado conmigo porque parecía una persona que necesitaba ayuda.

Tras muchos años esforzándome para que mi padre se sintiera orgulloso de mí y me diera su aprobación, dejé de buscarla. Seguía dándole afecto, pero ya no tenía que demostrar que era buena hija. Él seguía desconfiando de mí y de lo que pudiera conseguir.

No me sentía mal por ser diferente. Estaba enfocada en mi meta principal de ayudar al mayor número posible de gente y a los más desfavorecidos. Cuando estuve estable económicamente me llegó la ayuda que había pedido 4 años antes. Llamé para saber si había recibido esos dos mil euros por error.

—Ese dinero es tuyo. Hubo un error y por eso te llegó ahora —me dijeron desde el teléfono.

—Pero ahora ya no lo necesito. ¿Seguro no lo tengo que devolver?

Después de mucho luchar, recuperé también todo el dinero que me robó mi madre. Años de esfuerzo más tarde, sin avanzar, se me estaba devolviendo todo. Lo veía como una recompensa de haber sido buena incluso con gente que no lo era conmigo, por mantenerme fiel a mis principios.

Como ya estaba estable económicamente y no lo necesitaba, decidí dejarlo guardado y seguir trabajando mes a mes. Solo gasté dinero en un coche viejo de segunda mano para ser independiente y separé una parte para dársela a las personas que me habían ayudado, como Danilsa, que finalmente abrió un bar y un restaurante y pudo salir adelante.

Nunca volví a saber de mi madre o mi abuela materna. Yo sentía la necesidad de verlas, pero me acostumbré con el tiempo y acepté que no las volvería a ver, ni podría contarles lo que había conseguido. Soñaba con poder verlas una vez más antes de que se murieran y reconciliarnos todos. Nunca dejé de querer a mi madre. Me quedé con todo lo que me enseñó como las lecciones de bondas, humildad, y, sobre todo, a ser independiente.

Mi padre y yo conseguimos entendernos, después de muchos vaivenes de dejar de hablarnos y volver.

Nunca volví a Mieres, antes cuando iba a Pola, pasaba por ahí y me quedaba mirando con nostalgia y añoranza el parque por donde paseábamos al perro, a ver si lo veía a él o a mi madre, hasta que dejé de buscarlos.

Las asignaturas que había pagado con el dinero de haberme prostituido no se me convalidaron en la nueva universidad, así que tuve que volver a pagar el reconocimiento y volver a pasar la asignatura.

Pude vivir unos años de juventud despreocupada cumpliendo sueños, como cantar en conciertos, bailar en festivales internacionales, aprender deportes pendientes, aunque con matices de preocupación volver a quedar sin nada en la calle algún día.

Tras otras relaciones amorosas y de amistades fallidas por manipulaciones y faltas de respeto, decidí estar sola, aprender a quererme a mí misma y no estar con alguien por mendigar cariño. Yo antes pensaba que no existían malas personas, solo gente buena que estaba equivocada, pero luego me di cuenta de que no era así. Reconocí que mi problema, mi droga y distracción era el amor, un amor que tenía claro cómo debía ser, pero no lo obtenía, y me descentraba de mi objetivo en esta vida de hacer algo por los demás.

Ayudé a chicas con juicios de maltrato y a trabajadores con sus derechos en un sindicato. Ya no tenía miedo, ni pesadillas. Aunque tuviera algún día depresivo por la necesidad de un abrazo, aguantaba sin drogarme y al día siguiente se me pasaba.

Decidí estar sola un tiempo, dedicándome a seguir aprendiendo de la gente y del mundo todo lo que me ofrecía, cuidando mis plantas, peces y mi gato, rodeada de libros, música, una pizca de vida social nutritiva y paz. Aprendí a sobrevivir, a ver patrones en las personas que atraía y a priorizarme, antes daba mi vida por cualquiera, ya que pensaba que seguro la de esa persona valdría más que la mía.

Pasaron años hasta que me creí todo lo que había conseguido, me sentí orgullosa de mí y no tuve más necesidad de aprobación externa. Logré sanar heridas, buscar los pensamientos reales y silenciar las voces intrusivas y denigrantes de mi madre.

Luché por la verdad, la bondad y la justicia, y el universo me recompensó cuando estuve lista. Me confirmó que había hecho lo correcto incluso en los peores momentos.

Ahora sí estaba preparada para acabar el último año de carrera y ayudar al mundo. Solo me faltaba aprender a vivir el presente y disfrutar de estar viva.